ZÜRICH mit Plan

Szene
Stadtführer

ZÜRICH mit Plan

Mit de

ti

Zu diesem Konzept
gehört der große Szene-
Stadtplan im Wert von 9,90, der
diesem Szenestadtführer beiliegt.
Den Szeneführer ohne Plan gibt's für
12,90, beides zusammen für 16,80.
Titel dieser Szene-Reihe:
AMSTERDAM, COSTA BRAVA/BARCELONA,
BERLIN, DRESDEN, LONDON,
MALLORCA, NEW YORK, PARIS,
PRAG, WIEN, ZÜRICH

UNTERWEGSVERLAG

ZÜRICH mit Plan

ZÜRICH mit Plan

Willkommen in Zürich (Street Parade)

Impressum

Dies ist eine Originalausgabe des
UNTERWEGSVERLAGS Manfred Klemann,
Postfach 426, D-78204 Singen (Hohentwiel)
Telefon (0 77 31) 6 35 44, Telefax (0 77 31) 6 24 01
eMail: uv@unterwegs.com

Texte: Matthias Ackeret
Herstellung/Layout: Christine Raff
Umschlag: Ernst & Partner, Düsseldorf
Fotos: Christiane Schwarz, Schweiz Tourismus (Frankfurt)
Unterwegsverlag

Alle Rechte vorbehalten
Singen (Hohentwiel) © Unterwegsverlag
ISBN 3-86112-070-4

Bestellfax: (0 77 31) 6 24 01

Die deutsche Bibliothek - CIP-Einheitsaufnahme

Ackeret, Matthias:
Zürich mit Plan. Stadtführer mit extra Stadtplan zum Herausnehmen. Die Szenestadt neu entdeckt: Geld sparen, Unterkünfte, Essen, Nightlife, Culture & Sights. Der Begleiter für Tag und Nacht von Matthias Ackeret.
Originelle Originalausgabe, Singen: Unterwegs-Verlag 1998
(Javaanse Jongens unterwegs)

ISBN 3-86112-070-4
NE: HST

Inhalt

Vorwort 7

Das Wichtigste zuerst
Infos und Adressen 8
Zürich-Tourismus 8
Infos am Flughafen 9
Telefonnummern 12
Unfallstation 12
Waschen und Duschen 13
Sportliche Betätigung 13
Service für „Neu-Zürcher" 14

Hinkommen 14
Information (An-, Abflug) 17

Ankommen und Rumkommen
Parkhäuser 18
Tips für Parkplatzsuchende 18
VBZ-Züri-Linie 18
Spezialtip: Gastrotram 19
Taxi 19
Bahnen 20
Schiffe 20
Fahrrad fahren 20
Stadtrundfahrten 21
Autovermietungen 21

Fakten und Zahlen 21
Politische Bedeutung 21
Wirtschaft 24
Tourismus 24

Geschichte 25

Quartiere und Treffpunkte 28

Sehenswertes 33
Zürich - kurios 49
Zürcher Museen 54

Ständige Events 64

Medienstadt Zürich 69
Zeitungen & Zeitschriften 69
Stadtzeitungen 70
Szeneblätter 70
Rundfunk 71
Fernsehen 72
TeleZüri - CNN vom
Nabel der Welt 73

Leinwandgeflüster: Die Zürcher Kinos 74

Kultur pur - 77
Theater und Alternativkultur

Unterkunft 84

Essen 89

Insider-Treffs zwischen Restaurant und Bar 97
Special: Kaufleuten 101

Szene - Kneipen 103
Discos 116
Legal und „illegal" - Hauptsache Partylokal 118

Das etwas andere Zürcher Nachtleben 125

Surfen in Zürich 127
(Internetadressen)

Kaufrausch 130
Märkte 134

Register 136

Stadtplan 30

ZÜRICH mit Plan

Kunst im Bahnhof: Schutzengel von Niki de Saint Phalle

Vorwort

Zürich erhebt den Anspruch, eine Weltstadt zu sein. Nicht im eigentlichen Sinne - das wäre bei einer Einwohnerzahl von 360 000 auch vermessen -, sondern als "a little big city", wie es der Zürcher Verkehrsverein umschreibt. Keine eleganten Boulevards säumen die Stadt, sondern verwinkelte Gassen. Keiner hat jemals: "Ich bin ein Zürcher" gerufen, und Churchill, der 1946 die Limmatstadt besuchte, wurde entgegen aller Erwartungen die Ehrendoktorwürde der Universität nicht verliehen - angeblich, um die ehemalige Sowjetunion nicht zu verärgern.

Trotzdem: Als Sitz der Fifa ist Zürich die Hauptstadt des Fussballs und mit seinen ca. 350 Bankniederlassungen heimliche Hauptstadt des Kapitals: 600 Milliarden Franken aus allen Regimen und Ländern liegen in den Tresoren unter der Bahnhofstrasse friedlich nebeneinander. Doch der Friede wurde arg gestört, als der brave Wachmann Christoph Meili 1997 im Schredderraum einer Grossbank unliebsame Akten vor der Zerstückelung rettete. Ironie der Geschichte: Mittlerweile ist Meili ein amerikanischer Held, die Schweiz hat ihre Unschuld verloren und besagte Grossbank hat fusioniert - zu einer noch grösseren Bank.

Und dennoch: Zürich ist eine tolerante Stadt. Lenin studierte hier 1917 - mitten im Herzen des Kapitalismus - die Weltrevolution, Thomas Mann und Therese Giehse fanden hier eine zweite Heimat, während Panzer und Kanonen (auch aus Zürich) im benachbarten Ausland grossdeutschen Ambitionen frönten. Doch die Zeiten ändern sich: heute zählen Tina Turner und Udo Jürgens zu den berühmtesten Exilanten. Zu Ehren des österreichischen Troubadours pflanzte Stadtpräsident Estermann beim Bürkliplatz sogar einen Baum.

So richtig fröhlich wird es im August. Dann wird Zürich zur heimlichen Hauptstadt des Technos. Hunderttausende tanzen in einem Dauerhappening auf grossen Lovemobils dem Seebecken entlang. Die Street-Parade zählt mittlerweile zu Zürichs grössten Attraktionen. Tempi passati: vor vier Jahren noch wollte der linke Polizeichef das Spektakel wegen der Lautstärke verbieten; heute wünscht er den Veranstaltern vorher viel Glück.

ZÜRICH mit Plan

Längst sind die Zeiten vorbei, als Zürich brannte. Die rebellierende Jugend - ein Bild von gestern. Die offene Drogenszene, der Needlepark beim Letten - geräumt und vergessen. Die Fernsehreporter aus aller Welt sind längst wieder abgezogen. Zeitenwechsel: Statt Marx geht man ins Kaufleuten, statt Revolution trinkt man ein Cüpli, und dass die Stadt Pleite sei, glaubt eigentlich nur der städtische Finanzchef zu wissen. Doch sagen tut er es auch nicht allzu laut.

Auch im Freizeitbereich tut sich einiges: Zürichs Clubszene gilt mittlerweile als eine der besten weltweit. Aus alten Fabrikhallen entstehen Discos, aus Schutzbunkern illegale Bars. In der Nacht tobt der Bär. Ein kapitalistisches Déjà-vu: auferstanden aus Ruinen - so schrill, trendy und laut, dass selbst Tresorwände zittern. Zürich by night ist mehr als ein Werbeslogan.

Doch am nächsten Morgen ist es wie immer, und Zürich ist wieder so sauber, dass man „eine ausgeschüttete Minestra ohne Löffel von den Strassen aufessen könnte". Der Autor dieser Zeilen, James Joyce, liegt seit bald 60 Jahren auf einem Zürcher Friedhof begraben.

Das Wichtigste zuerst:
Infos und Adressen

Vorerst: Der Service für Besucher und Neuankömmlinge ist in Zürich sehr gut; obwohl die Stadt keineswegs in erster Linie vom Fremdenverkehr lebt, ist die touristische Betreuung auf einem international hohen Standard. Für jeden Neuankömmling empfehlen wir als erstes den Gang zum städtischen Verkehrsbüro, um dann gelassen weiterzusehen.

Zürich Tourismus, im Hauptbahnhof, CH-8023 Zürich, Infos: Tel. 01/215 40 00, Fax: 01/215 40 44. Auskünfte: 157 120 210.
Internet: www.zurichtourism.ch, E-Mail: zhtourismus@access.ch.
Hotel-Reservierung (auch im obigen Büro): 01/215 40 40, Fax: 01/215 40 44.
Vorwahl aus dem Ausland in die Schweiz: 0041

Öffnungszeiten:
Nov.-März: Mo.-Fr. 8.30-19.30 Uhr, Sa.-So. 8.30-18.30 Uhr.
April-Okt.: Mo.-Fr. 8.30-21.30 Uhr, Sa.-So. 8.30-20.30 Uhr.

ZÜRICH mit Plan

Was Sie von der Auskunftsstelle (kostenlos) erwarten können: zunächst einen Stadtplan, einen Überblick über die wichtigsten Hotels der Stadt (mit Preisliste) sowie eine Karte mit allen Linien der Zürcher Verkehrsbetriebe (VBZ). Mit den öffentlichen Verkehrsmitteln können Sie in Zürich innert kürzester Zeit jeden Punkt in der Stadt und der Region erreichen. Wöchentlich neu erscheinen zusätzlich die Züri News, eine Broschüre mit aktuellen Terminen und Tips. Dieses Heftchen kann man bei der Tourist-Info abholen oder sich zuschicken lassen.

Bei der Hotelreservierung sollte man die Sonder-Arrangements für ein Zürich-Wochenende beachten. Diese ermöglichen den Stadtbesuchern ein günstiges Unterkommen - selbst in hochklassigen Hotels.

Infos am Flughafen

In gut frequentierter Lage des Flughafens sind neun Informationssäulen der Firma FASTPOINT installiert, von denen aus man sich mit dem Touch-Sceen-System wichtige Informationen über den Flughafen beschaffen kann. Ferner können online Flug- und SBB-Fahrpläne wie auch die Tagespresse abgerufen werden.
Geldwechsel

In einer Stadt wie Zürich braucht man Cash in Fränkli. Also sind die richtigen Stellen zum Geldwechseln wichtig. Die Banken haben relativ kurze Öffnungszeiten (8.15-16.30 Uhr, Do. bis 18.00 Uhr). Grundsätzlich sind sie aber in der Stadt allgegenwärtig. Jede Bank - und das ist Schweizer Standard - wechselt problemlos die Währungen dieser Welt.

Ausserhalb ihrer Dienstzeiten und am Wochenende stehen bereit:

Wechselstube im Hauptbahnhof, täglich von 6.30-22.45 Uhr. Im Flughafen ist sie bis um 23.00 Uhr (Terminal A) geöffnet. Außerdem kann an den Rezeptionen der meisten Hotels Geld gewechselt werden.

Mit einer ec-Karte und einer Geheimnummer können (auch) ausländische Besucher an den zahlreichen Bankautomaten Geld beziehen. Diese befinden sich sowohl im Hauptbahnhof wie im Flughafen und an den wichtigsten Stellen der Stadt wie zum Beispiel im Niederdorf, am Bellevue, am Central und in der Bahnhofstrasse. Die Elektrobank der SBG (Bahnhofstr. 39) ist rund um die Uhr geöffnet.

ZÜRICH mit Plan

ZÜRICH mit Plan

Niederdorf mit Grossmünster, Limmat und See. Im Vordergrund der Hauptbahnhof

Wissenswertes

Telefonnummern

Hier noch einige wichtige Telefonnummern für Besucher:

Zug-Auskunft SBB: 157 22 22
Swissair-Auskunft: 157 10 60
Kinoprogramm: 0900 900 123
regionale Anlässe: 1600 (Band)
Polizeinotruf: 117
Feuerwehr: 118
Telefonauskunft (international):
1151 (Österreich), 1152 (Deutschland)
national: 111
Wetter: 162
Strassenzustand: 163
Autopannen: 140 (Touring-Hilfe)
Ärztlicher Notfalldienst: 01/269 69 69

Der Auskunftsdienst 111 verlangt ungewöhnlich hohe Gebühren, die schon an Wucher grenzen!

Unfallstation:

Im Hauptbahnhof befindet sich die medizinische Station Permanence, täglich geöffnet 7–23 Uhr, Tel. 01/262 35 11.
Die Bellevue-Apotheke (01/252 56 00, Theaterstr. 24) ist täglich rund um die Uhr geöffnet!

Öffnungszeiten

Geschäfte haben von Montag bis Freitag von 8.00 bis 20.00 Uhr und samstags von 8.00 bis 16.00 Uhr geöffnet. Donnerstags sind viele Citygeschäfte bis 21.00 Uhr geöffnet. Die Ladenöffnungszeiten im Hauptbahnhof und Flughafen sind auch sonntags 8.00 bis 20.00 Uhr.
Banken schliessen um 16.30 Uhr, donnerstags um 18.00 Uhr.

Postgebühren

Postkarten nach Europa kosten 1.10 Franken, nach Übersee 1.80 Franken (A-Post). Postämter sind zu den normalen Geschäftszeiten geöffnet. Erweiterte Öffnungszeiten: Sihlpost, Kasernenstr. 95 - 99 (beim Hauptbahnhof) Mo.-Fr. 6.30-22.30 Uhr, Sa. und So. auch geöffnet.

Telefon
An folgenden Stellen gibt es genügend Telefonzellen: Hauptbahnhof, Fraumünsterpost, Sihlpost und natürlich am Flughafen. Achtung: hohe Gebühren!
Polizei-Hauptwache, Bahnhofquai 3, Tel. 01/216 71 11
Fundbüro Stadt Zürich, Werdmühlestr. 10, Tel. 01/216 25 50
Fundbüro Zürich Flughafen, geöffnet tägl. 6.30 – 22.30 Uhr, Tel. 01/812 62 27

Waschen und Duschen
Kaputt und verschwitzt anzukommen ist weltweit ein Problem für den echten Traveller. Und nur ganz wenige Länder und Städte erkennen dieses Problem. Dass Stadt auch hier vorbildlich ist, spricht einmal mehr für das Erlebnis Zürich. Es gibt Wasch- und Duschkabinen mit Haarfön im Shopville unter dem Hauptbahnhof und am Paradeplatz.

Konsulate
Bundesrepublik Deutschland, Kirchgasse 48, Tel. 01/ 265 65 65
Österreich, Minervastr. 116, Tel. 01/ 383 72 00/02

Wohnungen
Die Mietpreise für Wohnungen sind in den letzten Jahren gesunken. Wohnungsinserate gibt es in den aktuellen Tageszeitungen, vor allem im städtischen Tagblatt. Für Studenten empfehlen wir zur Konsultation folgende Adressen:

WOKO, Studentische Wohngenossenschaft, Leonhardstr. 15, Tel. 01/632 42 90
Zimmervermittlung UNI/ETH, Sonneggstr. 27, Tel. 01/632 20 37

Sportliche Betätigung:
Wer sich in Zürich sportlich betätigen will, hat dafür unzählige Möglichkeiten. Das Sportamt der Stadt Zürich hat eine informative Broschüre mit dem Titel „Sport in Zürich" herausgegeben, in welcher das attraktive Sportangebot zusammengefasst wird. Kostenlos erhältlich beim Sportamt der Stadt Zürich, Stadion Letzigrund, Herdernstr. 47, Postfach, 8047 Zürich, Tel. 01/491 23 33.

Tennis:
Anlage Mythenquai, Mythenquai 200, Tram 7 bis Brunaustr./ Bus Nr. 161/165 bis Landiwiese. 7 Plätze, davon können 5 reserviert werden (Tel. 01/202 32 43).

Schwimmen

Hallenbad City, Sihlstr. 71, Sihlporte, Tram 2/9, Bus Nr. 66 bis Sihlstrasse
Hallenbad Oerlikon, gegenüber Hallenstadion, Bus 63/94 bis Kirchenacker
Seebad Tiefenbrunnen, Bellerivestr. 200 (mit FKK), Tram 2, 4 bis Kreuzstrasse
Flussbad Unterer Letten, Wasserwerkstr. 141, Tram 4, 13 bis Dammweg (Eintritt frei).

Laufen

Finnenbahn und Waldlaufstrecke Allmend Fluntern (Streckenvarianten: 2,4/ 4/ 5,6/ 8,5 km), beim Zoo, Tram 6 bis Zoo, die Anlage ist beleuchtet, Garderobe: Forrenweidstr. 17 (Untergeschoss städt. Tennisanlage).

Service für „Neu-Zürcher"

Zürich ist nicht nur der wirtschaftliche, sondern auch der geographische Mittelpunkt der Schweiz und bequem mit Auto, Bahn oder Flugzeug erreichbar.

Hinkommen

Mit dem Auto

Zürich ist Verkehrsknotenpunkt. Drei Autobahnen - in der Schweiz Nationalstrassen genannt - treffen sich hier: die A 1 (München-)St. Gallen-Winterthur, mit Schnellstrasse von (Stuttgart-Singen-Schaffhausen-Winterthur, die A 2/A 1 von (Frankfurt-) Basel-Olten - beide Autobahnen sind durch eine Nordumfahrung verbunden - und die A 3 von San Bernardino-Chur mit Anschluss von Luzern und Zug. An den Strecken befinden sich gut ausgebaute Raststätten mit Tankmöglichkeiten und Shops. Die Mahlzeiten sind (oftmals) vergleichsweise teuer, bürgen aber für Schweizer Qualität. Die Toiletten sind sauber.
Die Höchstgeschwindigkeit auf den Nationalstrassen beträgt 120 km/h, auf den Landstrassen 80 km/h, innerorts 50 km/h. Die Promillegrenze liegt bei 0,8. Für die Fahrt auf den Nationalstrassen benötigt man eine Autobahnvignette (sFr. 40), die alljährlich erneu-

ZÜRICH mit Plan

Hektische Menschen im Hauptbahnhof

Schipfe mit St.-Peter-Kirche

Hin-, An- und Rumkommen

ZÜRICH mit Plan

ert werden muss und ihren Platz an der Windschutzscheibe des Autos hat. Autobahnvignetten sind an den Zollämtern, bei der Post, an Tankstellen und bei den Automobilklubs erhältlich. In der Schweiz besteht Anschnallpflicht. Bei Pannen kann über die Rufnummer 140 Strassenhilfe angefordert werden. Rufsäulen befinden sich an den Autobahnen. Bei Unfällen mit Sachschaden empfiehlt es sich, die Polizei herbeizuziehen, bei Unfällen mit Verletzten oder Toten ist dies obligatorisch.

Mit der Eisenbahn

Die Schweizer sind ein eisenbahnverrücktes Volk, welches über eines der bestausgebauten Streckennetze der Welt verfügt. Die Bahnverbindungen sind sehr gut (Stundentakt), wichtige Linien wie in die Schweizer Hauptstadt alle 30 Minuten. Intercity-Züge verbinden die grösseren Städte der Schweiz und des benachbarten Auslands (via Schaffhausen, Basel, Buchs) mit Zürich. Seit 1990 sind die Verbindungen in der Agglomeration Zürich durch den Anschluss an die S-Bahn weiter verbessert worden. An den Bahnhöfen sind verschiedene Arten von Tickets erhältlich (Einzelfahrkarten, Mehrfahrtentickets, Halbtaxabonnement, Familienbilletts, Schweizer Ferienkarte). Ausführliche Informationen sind an allen Bahnhöfen erhältlich. Übrigens: neu fährt auch ab 7.13 Uhr täglich ein TGV nach Paris.

Telefonnummern: Hauptbahnhof (Hauszentrale): 051/222 11 11, Auskunft/Reservierung (sFr. 1.19/Min.): 157 22 22.

Mit dem Flugzeug

Der Flughafen Zürich-Kloten liegt 11 km ausserhalb des Stadtzentrums und ist mit der Eisenbahn vom Hauptbahnhof aus in 20- bis 30 Minutenabständen bequem erreichbar (Fahrtdauer: ca. 10 Minuten). Der Flughafen verfügt über eine unterirdische Bahnstation (Intercity nach Winterthur - St. Gallen). Zürich-Airport wurde Ende der vierziger Jahre für den internationalen Flugverkehr ausgebaut und in der Folgezeit mehrmals erweitert. Er umfasst mehrere Restaurants und Shops. Heute zählt er zu den zehn wichtigsten Flughäfen Europas. Direktverbindungen mit rund 135 Städten in 80 Ländern. Check-in und Gepäckabfertigung am Flughafen oder am Hauptbahnhof (Flug-Gepäck). Während der Nacht herrscht Flugverbot.

ZÜRICH mit Plan

Information:
Auskunft An-/ Abflüge (sFr. 0.86/Min.): Tel. 157 10 60
Auf dem Flughafengelände gibt es neun Infosäulen, über die wichtige Informationen abrufbar sind!

Öffnungszeiten:
Geschäfte: 8.00-20.00 Uhr
Banken: 6.30-22.30 Uhr
Autovermietung: 6.30-23.00 Uhr

Tip:
Unter dem Titel „Abenteuer Airport" bietet die Zürcher Flughafendirektion geführte Rundfahrten von ca. 45 Minuten über das Flughafengelände an. Reservation: 01/816 21 56. Für Nachtschwärmer, die ihre Zeit in der Nähe des Flughafens um die Ohren schlagen müssen/dürfen, gibt es gegenüber des Airports die beiden Nachtclubs El Presidente und AlpenRock House.

Ankommen und Rumkommen – der Stadtverkehr

Zürichs öffentliche Verkehrsmittel zählen zu den modernsten von ganz Europa. Neben den Schweizerischen Bundesbahnen sind die Verkehrsbetriebe der Stadt Zürich (VBZ) das grösste Personentransportunternehmen der ganzen Schweiz. Mit Tram oder Bus kann man innert kürzester Zeit jeden Winkel der Stadt erreichen. Während der öffentliche Verkehr vorbildlich funktioniert, kann eine Autofahrt durch Zürichs Innenstadt zum Horror werden. Sollte man trotzdem nicht auf den eigenen Wagen verzichten können, empfiehlt es sich dringendst, eines der zahlreichen Parkhäuser aufzusuchen, da Parkbussen in astronomische Summen klettern. Wäre Eva nicht im Paradies, sondern in Zürich zur Welt gekommen, wäre ihr als erster Mann wohl nicht Adam, sondern ein Strafzettel verteilender Polizist begegnet. Der tägliche Kampf gegen die Verkehrssünder scheint zuweilen gnadenlos – und für die Behörden wohl finanziell sehr lukrativ.

ZÜRICH mit Plan

Parkhäuser

Parkdecks und Parkhäuser in der Innenstadt: Parkdeck Gessnerallee (beim Hauptbahnhof), Parkhaus Jelmoli (Uraniastr.), Parkhaus Globus (Löwenplatz), Parkhaus Talgarten (Nüschelerstr. 31), Parkhaus Urania (Uraniastr. 3), Parkhaus Engi-Märt (Ecke Lavaterstr./General-Wille-Str.), Parkdeck Escherwiese (Beethovenstr. 20), Parkhaus Bleicherweg (Beethovenstr. 35), Parkhaus Sihlquai (Sihlquai 41), Parkhaus Hotel Zürich (Neumühlequai 42), Parkhaus ETH-Hauptgebäude (Künstlergasse/Rämistr.), Parkhaus Utoquai (Färberstr. 6), Parkhaus Hallenstrasse (Dufourstr. 35), Parkhaus Hohe Promenade (Rämistr. 22 a).

Weitere Parkplätze befinden sich in der Gessnerallee, bei der Zentralbibliothek, beim Obergericht, den beiden Hochschulen, am Stadthausquai, dem Opernhaus und am Hirschengraben.

Tips für Parkplatzsuchende

Das Parkhaus Hohe Promenade ist unter der Woche in der Regel nicht voll belegt und auch in der Gessnerallee gibt es meistens freie Parkfelder. Attraktive Parkzeiten: täglich vor 11 Uhr.

VBZ-Züri-Linie

Für einen Kurzaufenthalt in Zürich empfiehlt es sich, eine Tageskarte (sFr. 6.40) zu lösen, welche auf dem ganzen VBZ-Netz gültig ist. Einzelfahrkarten sind indes unverhältnismässig teuer (Kurzstrecke sFr. 2.10, Langstrecke sFr. 3.60). Zur Erinnerung: die Tageskarte (Gültigkeit 24 Stunden) kostet gleichviel wie zwei Einzelfahrten!!! Die "Regenbogenkarte" (sFr. 70) erlaubt während eines ganzen Monats freie Fahrt mit Tram oder Bus. Die städtischen Verkehrsmittel fahren ohne Schaffner, die Fahrscheine sind bei den Automaten an den Haltestellen (und nicht, wie irrtümlicherweise von vielen Gästen angenommen, im Tram!) zu lösen. Mitfahrt ohne gültiges Ticket hat eine Busse von rund sFr. 50 zur Folge. Die Fahrzeuge fahren täglich zwischen 5.30 Uhr und Mitternacht, in Stosszeiten alle sechs Minuten. Weitere Informationen sind an den Informationsstellen der VBZ (an allen wichtigen Plätzen der Stadt), der Infonummer 01/221 11 10 oder auf der hervorragend gestalteten Internet-Seite http:www.vbz.ch erhältlich! Ein besonderer Service für Nachtmenschen: Jeweils Freitag- und Samstagnacht fährt um 1.00 Uhr, 1.30 Uhr und 2.00 Uhr ein spezieller Nachtbus ab Bellevue in alle Himmelsrichtungen.

Als besonderes Happening für beispielsweise eine Hochzeitsfeier können alle Zürcher Tram- oder Bustypen für Extrafahrten gebucht werden (ab sFr. 490/Std.). Auskünfte über dieses Topangebot bei: Züri-Linie (persönliche) Extrafahrten, Luggwegstr. 65, 8048 Zürich 1, Tel. 01/434 44 34, Fax: 01/434 46 91.

Unser Spezialtip: Das Gastrotram

Von Mai bis Dezember verkehrt zwischen Innenstadt, Bahnhofstrasse und Bellevue das Gastrotram *Chuchichäschtli*. Von Dienstag bis Samstag werden während der Tramfahrt frische Köstlichkeiten serviert (wie Eisbergsalat, Schinken-Lauchroulade, Terrine). Faire Preise. Reservation: 077/633 505.

Zürcher Verkehrsverbund

Seit 1990 verfügt die Stadt und Agglomeration Zürich über eines der modernsten Netze des öffentlichen Verkehrs. Die Fahrpreise im Kanton Zürich basieren auf einem Tarifzonensystem; konkret: mit einer sogenannten "Tageskarte" kann man während 24 Stunden sämtliche Bahn-, Bus-, Tram- und Schiffslinien des gesamten Kantonsgebiets benutzen. Ticketautomaten für den Zürcher Verkehrsverbund findet man an den meisten Tramhaltestellen der Stadt Zürich.

Tageskarte für die Stadt Zürich (24 Std.) sFr. 7.20
Tageskarte für den gesamten Verkehrsverbund (24 Std.) sFr. 28.40. Auskunft: Tel. 01/221 11 10.

Taxi

Achtung diejenigen, die nur über ein kleines Portefeuille verfügen: Taxis sind in Zürich unverhältnismässig teuer (ca. sFr. 3.20 pro km, Grundtaxe: sFr. 6.—). Trinkgeld ist im Fahrpreis inbegriffen. Die Taxis zum Flughafen Zürich stehen im Ruf, weltweit zu den teuersten zu gehören. Sollte man trotzdem nicht auf ein Taxi verzichten können, hier die Telefonnummern von vier Unternehmen:

Taxi Zentrale Zürich 01/272 44 44
Jung Taxi 01/2 71 11 88
Züritaxiphon 01/271 11 11
Behindertentaxi 01/272 42 42

Taxistände befinden sich beim Hauptbahnhof, am Bellevue und vor vielen Hotels.

Bahnen

Verschiedene Privatbahnen fahren von Zürich aus ins Grüne oder auf einen Aussichtspunkt.

Die *Dolderbahn* fährt innert weniger Minuten ins Dolder-Erholungsgebiet (siehe Sehenswertes von A bis Z). Abfahrt: alle zehn Minuten ab Römerhofplatz (Tram 3, 8, 15).

Forchbahn: Die Forch ist ein grossartiges Wander- und Spaziergebiet mit prächtigen Panoramen und urigen Gaststätten. Abfahrt: alle 15 bzw. 30 Minuten ab Bahnhof Stadelhofen (beim Bellevue).

Üetlibergbahn: Der Üetliberg ist das Dach von Zürich (siehe Sehenswertes von A bis Z). Abfahrt: jede halbe Stunde ab Bahnhof Selnau (Tram 8) und Hauptbahnhof.

Polybahn: Sie fährt alle 3 Minuten vom Central zur Polyterrasse (Aussichtspunkt vor der ETH). Die vor über hundert Jahren eröffnete, heute auf historisch aufgemotzte „Bergbahn" dient in unzähligen Schweizer und ausländischen Filmen (u.a. mit Lino Ventura) als Kulisse.

Seilbahn Rigiblick: Fahrt über eine Höhendifferenz von 96 Metern von der Universitätsstrasse (Station Seilbahn Rigiblick, Tram 9, 10) zum Aussichtspunkt Rigiblick. Abfahrt: ab 5.20 Uhr bis nach Mitternacht alle sechs bis zwölf Minuten.

Schiffe

Wie in Paris, Stockholm oder Kopenhagen ist es auch in Zürich möglich, die Stadt vom Wasser aus zu betrachten. Die Limmatschiffe fahren von April bis Oktober nachmittags alle 30 Minuten von der Station Landesmuseum (hinter dem Hauptbahnhof) bis zum Zürichhorn. Die Schiffe auf dem Zürichsee verkehren täglich von April bis Oktober ab der Station Bürkliplatz. Verschiedene Rundfahrten (z.B. zur mittelalterlichen Stadt Rapperswil am oberen Zürichsee). Beliebt sind die Abend-, Tanz- und Fonduefahrten.

Auskunft: Zürichsee-Schiffahrtsgesellschaft, Tel 01/487 13 33

Fahrrad fahren

Velofahren in Zürich ist nicht das höchste aller Gefühle: Trotzdem kann man sich beim Hauptbahnhof oder beim Bahnhof Zürich-Oerlikon ein Fahrrad für einen ganzen Tag mieten (Kosten sFr. 17/Tag). Unser Tip: 24 Std. vorher reservieren. Tel. 157 22 22, 051/222 29 04.

Stadtrundfahrten

Zürich ohne Stadtrundfahrt? Wohl kaum, bietet doch der hiesige Verkehrsverein eine ganze Palette von Touren durch Stadt und Region an. Täglich (um 14 Uhr) fährt eine Bustour durch das Geschäfts- und Einkaufszentrum, die Altstadt und die nahen Erholungsgebiete Zürichs (Dauer: 2 Stunden). Eine erweiterte Tour rund um Zürich startet um 9.30 Uhr (beim Busbahnhof). Zwischen Mai und Oktober findet allabendlich eine Rundfahrt durch das nächtliche Zürich statt. Neben einem Besuch in einem Folklorerestaurant und einem Nachtclub steht auch eine Schiffahrt auf der Limmat und dem See auf dem Programm (jeweils ab 20 Uhr). Abfahrt beim städtischen Verkehrsbüro (beim Hauptbahnhof). Weitere Infos: Tel. 01/215 40 00.

Autovermietungen

Selbstverständlich besteht in Zürich auch die Möglichkeit, ein Auto zu mieten. Die bekanntesten Verleihfirmen haben auch eine Vertretung im Flughafenareal. Stellvertretend für alle anderen hier die Nummern von drei grossen Betrieben:

Avis, Tel. 01/242 20 40, Büro am Flughafen: 01/813 00 84
Budget, Tel. 01/383 17 47, Büro am Flughafen: 01/813 31 31
Hertz AG, Tel. 01/730 10 77, Büro am Flughafen: 01/814 05 11

Fakten und Zahlen

Politische Bedeutung

Zürich ist die Hauptstadt des aus 171 Gemeinden bestehenden Kantons Zürich. Die Stadt wird von einer neunköpfigen Exekutive unter Leitung des Stadtpräsidenten regiert. Die Legislative, der Gemeinderat, setzt sich aus 125 in geheimer Abstimmung gewählten Mitgliedern zusammen. Die Wahlen für den Stadt- und Gemeinderat finden alle vier Jahre statt (nächstes Mal 2002).

Bevölkerung

Mit 361 000 Einwohnern ist Zürich die grösste Stadt der Schweiz. Die Bevölkerungszahl erreichte ihren Höchststand 1962, als 445 314 Menschen in Zürich lebten. In den letzten Jahren zeichnete sich eine Abwanderung der Bewohner in die Vorortsgemeinden ab. Aber auch 40 000 Arbeitsplätze im Stadtgebiet gingen verloren. Viele Wohnungen im Stadtzentrum wichen Büros oder Banken. 39,8 Prozent der Bevölkerung sind Protestanten, 38,7 Prozent

ZÜRICH mit Plan

Fakten und Zahlen

ZÜRICH mit Plan

Fakten und Zahlen

Sommer-Highlight:
Open-air-Kino am Zürihorn

Katholiken. Rund 89 000 Einwohner sind Ausländer, die Mehrheit davon stammt aus Italien. Über 2/3 der Bevölkerung arbeitet in Dienstleistungsbetrieben. Die Arbeitslosenquote ist in Zürich trotz Rezession im Vergleich mit andern Grossstädten erstaunlich, 1996 betrug sie 5,6 Prozent.

Wirtschaft

Die Limmatstadt ist das bedeutendste Wirtschaftszentrum der Schweiz. Mit einem jährlichen Umsatz von 13,6 Mrd. Franken (aus dem Handel mit Inland-Aktien) verfügt die Stadt nach New York, London und Tokyo über die viertwichtigste Börse. Daneben gilt Zürich als bedeutendster Goldumschlagplatz der Welt. Durch die Fusion der beiden Grossbanken UBS und Schweizer Bankverein hat die weltweit zweitgrösste Bank einen ihrer Hauptsitze an der Limmat. Aber auch die Landwirtschaft hat im Glimmer von Geld und Gold einen nicht zu unterschätzenden Stellenwert: Mit rund 30 Landwirtschaftsbetrieben ist Zürich die achtgrösste Bauerngemeinde des Kantons. Mit der Eidgenössischen Technischen Hochschule (ETH) und der Universität (6 verschiedene Fakultäten) verfügt die Stadt über zwei Bildungszentren von Weltruf.

Tourismus

Zürich ist einer der wichtigsten Touristenorte der Schweiz. In den rund 100 Hotels hat es über 10 000 Betten. 1995 zählte man rund 1,8 Mio. Übernachtungen, vornehmlich ausländische Gäste. An der Spitze der Besucherzahlen stehen dennoch die Schweizer, gefolgt von Touristen und Geschäftsreisenden aus Deutschland und den USA. Jährlich besuchen rund 25 Mio. Tagestouristen die Stadt, die u.a. ein Opernhaus, 14 Theater, 24 Museen und 51 Kinos anzubieten hat.

Geographische Lage

Zürich liegt am unteren Ende des Zürichsees (Seespiegel 406 m ü. M.). Die Gesamtfläche der Stadt beträgt 92 qkm. Der höchste Punkt liegt bei 871 m.ü.M. (Utokulm), der tiefste bei 392 m.ü.M. (Gaswerk an der Limmat).

Klima

Kältester Monat ist der Januar (-1,0 °C), wärmster der Juli (16,7 °C). Der trockenste Monat ist im Februar, niederschlagsreichster der Juli. Trübe Witterung und Nebel prägen oftmals das herbstliche Zürich. Aufgrund seiner Kessellage leidet Zürich unter starker Luftverschmutzung.

Geschichte **im Zeitraffer**

15 v.Chr.: Auf dem Lindenhof wird eine römische Militärstation errichtet. Ausbau im 4. Jahrhundert n.Chr. zu einem Kastell unter dem Namen Turicum.

853: Gründung des Fraumünsterstifts unter der Äbtissin Hildegard. Etwas später wird das Mönchskloster Grossmünster durch ein Chorherrenstift ersetzt.

Um 1000: Die Pfalz auf dem Lindenhof wird grosszügig ausgebaut und zu einem der imposantesten Gebäude der Stadt.

1098: Reichsvogtei Zürich an die Zähringer.

1218: Nach dem Aussterben der Zähringer erklärt Friedrich II. die Stadt für reichsfrei.

1220: Einführung eines städtischen Rates.

Um 1270: Durch die zunehmende wirtschaftliche und politische Bedeutung wird die Stadtmauer mit Gräben und Toren weitgehend fertiggestellt. Ihr Verlauf durch die Bahnhofstrasse, Hirschengraben und Rämistrasse ist heute noch erkennbar.

1291: Gründung der Eidgenossenschaft. Bündnis der Reichsstadt Zürich mit den Waldstätten gegen die Habsburger.

1292: Niederlage der Zürcher gegen die Habsburger vor Winterthur.

1336: Soziale Unruhen. Der Einfluss der Ritter und Kaufleute wird eingeschränkt, den Handwerkern werden politische Rechte zugestanden. Die Gründung von Zünften (Handwerkerorganisationen) wird erlaubt.

1351: Zürich wird Mitglied der Eidgenossenschaft.

15. Jh.: Zürich dehnt seinen Einflussbereich gegen Westen und Norden aus.

1436: Nach dem Tod des Grafen von Toggenburg kommt es zum Erbstreit mit Schwyz. Dieser Konflikt weitet sich zu einem Bruderkrieg aus, der in der Belagerung Zürichs durch die Eidgenossen seinen Höhepunkt findet.

1450: Frieden und Erneuerung des Bündnisses mit den Eidgenossen.

1483: Durch die Wahl von Hans Waldmann zum Zürcher Bürgermeister erlebt die Stadt eine Blütezeit. Konflikte mit den Zürcher Bauern führen 1489 zu seiner Hinrichtung.

ZÜRICH mit Plan

1519: Der spätere Reformator Huldrych Zwingli predigt erstmals am Zürcher Grossmünster. Zwei Jahre nach den Marburger Religionsgesprächen mit Martin Luther fällt er 1531 im Zweiten Kappeler Krieg gegen die Katholiken.

1648: Formelle Entlassung der Eidgenossenschaft aus dem Deutschen Reich.

18. Jh.: Zürich erlebt eine kulturelle Blütezeit (Pestalozzi, Lavater, Gessner). Soziale Spannungen bringen das feudalistische System ins Wanken.

1798: Einmarsch der Franzosen. Zusammenbruch der alten Eidgenossenschaft. Zürich wird zum internationalen Kriegsschauplatz und von den Franzosen sowie Österreichern und Russen belagert (1799).

1811-1834: Schleifen der alten Befestigungsanlagen.

1847: Einweihung der ersten Eisenbahn der Schweiz, der "Spanisch-Brötli-Bahn" von Zürich nach Baden.

1848: Nach diversen politischen Wirren Umwandlung der Schweiz in einen Bundesstaat, der bis heute Bestand hat.

1916: Emigrierte Künstler gründen in Zürich die Kunstrichtung Dadaismus.

1917: Lenin, der kurze Zeit in der Spiegelgasse gelebt hat, verlässt Zürich, um in Russland an die Spitze der Revolution zu treten.

1918: Beim Generalstreik kommt es zu Auseinandersetzungen zwischen Armee und Arbeitern.

1939: Durchführung der Schweizerischen Landesausstellung in Zürich.

1946: Churchill wird in Zürich triumphal empfangen und hält eine historische Rede, in der er zur Wiedervereinigung Europas aufruft und vor dem „Eisernen Vorhang" warnt.

1968: Studentenunruhen in Zürich („Globus-Krawalle").

1980: Ausbruch des Opernhauskrawalls; randalierende Jugendliche fordern ein Autonomes Jugendhaus (AJZ), welches ihnen bis zum Abbruch des Opernhauses 1982 gewährt wird. Diese Auseinandersetzungen hatten eine Signalwirkung auf andere Städte (v.a. in Deutschland). Der Slogan „Züri brännt" diente als Schlachtruf. Gewalttätige Strassenschlachten und Randale führten zu einer Verschärfung des politischen Klimas, welches bis dahin von Harmonie geprägt war.

1988: Die Zürcherin Elisabeth Kopp, die erste Frau in der Schweizer Landesregierung, muss aufgrund von mysteriösen Geschäften ihres Mannes als Justizministerin aus dem Bundesrat zurücktreten. Erstmals seit Gründung des Schweizerischen Bundesstaates ist der Kanton Zürich bis zur Wahl des Sozialdemokraten Moritz Leuenberger (1995) in der Schweizer Landesregierung nicht mehr vertreten.

1990: Linksrutsch in Zürich: Bei den Stadt- und Gemeinderatswahlen haben die rot-grünen Parteien die absolute Mehrheit. Als neuer Stadtpräsident wird der bis dahin unbekannte Josef Estermann (SP) gewählt. Vier Jahre stellen die bürgerlichen Parteien (v.a. die rechtsbürgerliche SVP im Gemeinderat die meisten Sitze. In der Exekutive hingegen dominiert immer noch die rotgrüne Mehrheit.

1992: Schliessung des Drogenparkes "Platzspitz". Die Szene verlagert sich auf den benachbarten Bahnhof Letten. Die Schreckensbilder gehen um die Welt und stilisieren Zürich zur neuen Drogenmetropole. Im Februar 1995 wird dann auch der Letten polizeilich geräumt. Die Drogenabhängigen verstecken sich nun in den Hinterhöfen des benachbarten Kreis 5.

1992: In einer historischen Abstimmung lehnen die Schweizer Stimmbürger den Beitritt zum Europäischen Wirtschaftsraum EWR ab; die Stadt Zürich hingegen stimmt für Europa.

1993: Die Schliessung des "Wohlgroth"-Areals (alternatives Kulturzentrum) führt zu Strassenschlachten.

1997: Die Schweiz steht wegen ihrer Rolle während des Zweiten Weltkriegs im Mittelpunkt der internationalen Kritik. Verschärft wird die Diskussion um die Holocaust-Gelder, als der mittlerweile in die USA emigrierte Wachmann Christoph Meili aus dem Schredderraum der Schweizer Grossbank UBS historische Akten rettet, die nicht vernichtet werden dürfen.

1997: Auf der Fraumünsterpost findet der grösste bekannte Postraub statt. Verletzt wird niemand, die Mehrzahl der Täter können festgenommen werden, ein beträchtlicher Teil der geraubten 53 Mio. Franken bleibt aber vorerst verschwunden.

1997: Kurz vor Jahresende geben die beiden Schweizer Grossbanken UBS und Schweizer Bankverein ihre Fusion bekannt und vereinigen sich zur neuen UBS (United Bank of Switzerland) als zweitgrösste Bank der Welt.

1998: Die Schweiz feiert 150 Jahre Bundesstaat.

1998: Bei den Stadtratswahlen bauen die rot-grünen Parteien ihre Mehrheit aus. Josef Estermann bleibt Stadtpräsident.

Quartiere und Treffpunkte

Niederdorf/ Oberdorf

Das Niederdorf als „den" Sündenpfuhl zu bezeichnen wäre doch übertrieben. Der leichtfertige Vergleich mit der Reeperbahn oder dem bekannten Viertel Pigalle ist weit hergeholt. Trotzdem: Zwischen Central, Hirschenplatz und Kirchgasse pulsiert das Leben - das krasse Gegenstück zu Bahnhofstrasse und Paradeplatz, wo abends buchstäblich tote Hose ist. Keine Banken zieren das Bild, sondern Handwerkerläden, Modeboutiquen und Antiquariate, dazwischen gemütliche Bars und Beizen (Schweizer Ausdruck für Kneipen) sowie, mit geübtem Blick problemlos wahrnehmbar, Stripteaseclubs, Sexkinos und Massagesalons. Vor allem an lauen Sommerabenden herrscht hier reges Treiben, ja südländisches Ambiente. Für Geschichtsinteressierte nicht unwichtig: Hier hat Zwingli die Reformation verkündet (Grossmünster), Lenin die Revolution studiert (Spiegelgasse) und Hugo Ball das Cabaret Voltaire (Spiegelgasse) und somit die Kunstrichtung Dadaismus begründet. Im März 1996 bummelte Deutschlands zukünftiger Kanzler Gerhard Schröder mit seiner jetzigen Frau Doris Köpf unerkannt den Limmatquai hinunter und frönte ersten Frühlingsgefühlen. Doch diese geschichtliche Aura hat auch ihre Kehrseite: Das "Dörfli" (Kosenamen der Einheimischen) hat mittlerweile eine der höchsten Kriminalitätsraten der Stadt. Doch keine Angst: das Niederdorf ist zugleich der menschlichste Teil Zürichs. Und dass man in der Baueuphorie der dreissiger Jahre nicht den ganzen Stadtteil zu einem kleinen Manhattan geschliffen hat, erweist sich heute als Glücksfall.

Gleich angrenzend – zwischen Kirchgasse und Bellevue – beginnt das Oberdorf. Dieser Stadtteil besticht durch seinen dörflichen Charakter. Im Gegensatz zum Niederdorf wohnten hier bereits im Mittelalter die vornehmeren und reicheren Leute. Heute befinden sich hinter den alten Fassaden viele ausgebaute Attikawohnungen, die nicht nur durch ihr Inneres, sondern auch durch die hohen Mietpreise bestechen. Wer genügend Zeit hat, sollte noch kurz durch die Trittligasse schlendern. Kann der Mensch soviel Idylle überhaupt ertragen?

Kreis fünf

Der Kreis fünf (auch Industriequartier) gilt als Zürichs „Trendquartier" (Facts). Das Quartier erstreckt sich zwischen Limmat und Bahngleisen vom Hauptbahnhof Richtung Escher-

Wyss-Platz. Zentrum des Viertels ist der Limmatplatz mit dem markanten Migros-Gebäude.

In den letzten Jahren litt das Quartier unter den Auswüchsen der Drogenszene. Das Gebiet um den ehemaligen Bahnhof Letten wurde zum berühmtesten – und wohl auch traurigsten – „Needlepark" weltweit. Was drohte, war die Verslumung eines ganzen Stadtteils. Mit der polizeilichen Räumung des Lettenareals (Frühjahr 1995) ist das Drogenproblem zwar längst nicht gelöst, doch die Abhängigen und Dealer haben sich mehr oder weniger aus dem allgemeinen Blickfeld in die Hinterhöfe zurückgezogen, um ihre Geschäfte abzuwickeln.

Doch tempi passati: Die Quartierläden, Restaurants und Strassenbasars entlang der Josef- und Langstrasse verströmen südländischen Charme. Die Ausländerquote zählt mit fast 50 Prozent zur höchsten der Stadt. Der berühmteste aller Bewohner ist ein waschechter Schweizer, der in Frankreich grosse Erfolge feiert: Popsänger Stefan Eicher. Und noch ein Kuriosum: Die ausrangierten Industriegebiete des Quartiers finden als Lifestyleoasen einen neuen Zweck: New York – made in Switzerland. Aus dem Areal der ehemaligen Bierbrauerei Löwenbräu entwickelte sich ein Kunsttreff erster Güte (Limmatstrasse 270, Tram 4, 13 bis Dammweg). Neben der Kunsthalle und dem Museum für Gegenwartskunst prägen auch bekannte und trendige Galerien das alte Gemäuer. Nur 10 Gehminuten entfernt liegt das mittlerweile berühmte Steinfels-Areal (Heinrichstr. 267). Aus einer ehemaligen Seifenfabrik entwickelte sich in den letzten Jahren ein soziologisches Biotop mit Handwerkern, Künstlern und Designern - auferstanden aus Ruinen... Das benachbarte Rohstofflager zählt zu Zürichs wichtigsten Technotreffs. Nebenan ist das Kino Cinemax, das In-Lokal Back & Brau sowie der Lokalsender TeleZüri einquartiert. Doch die Idylle hat möglicherweise bald ein Ende: ein linkes Baukonsortium will die ganze Anlage abreissen, um sie anschliessend neu zu gestalten. Das Ziel - die Errichtung eines soziologisches Biotops...

Bahnhofstrasse und Altstadt

Das Prunkstück. Die Bahnhofstrasse ist die klischeehafte Verkörperung der Schweiz: Banken und Versicherungen säumen die rund 1,4 Kilometer lange Strasse, welche weltweit als eines der elegantesten Pflaster gilt und sich vom Hauptbahnhof zum Bürkliplatz erstreckt. Perfektion erhält das Ambiente durch das erotische Klingeln der Zürcher Trams, das die Hintergrundmusik beim Genuss des leckeren Gebäcks Luxemburgli vom weltberühmten Café Sprüngli am Paradeplatz abgibt.

ZÜRICH mit Plan

Quartiere und Treffpunkte

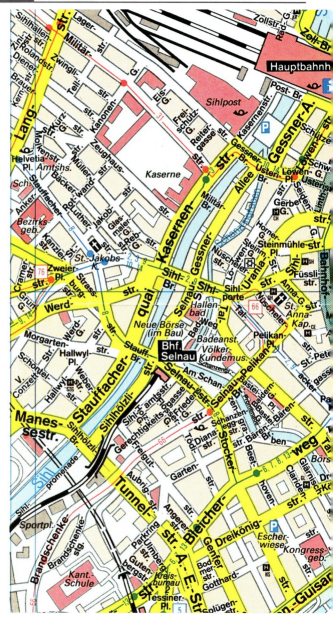

ZÜRICH mit Plan

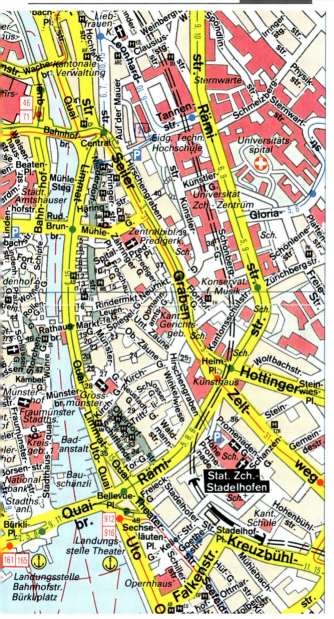

Quartiere und Treffpunkte

ZÜRICH mit Plan

Die dahinterliegende Altstadt mit der Schipfe, der Wühre, dem Rennweg und der Augustinergasse dürfte der schönsterTeil Zürichs sein: K. u. K. - Konsum und Kaufrausch. Nirgendwo in der Stadt finden sich so elegante Läden - Rezession ist hier ein Fremdwort. Am Abend ist es zwinglianisch karg - oder auf gut deutsch: Es ist praktisch nichts los.

Seefeld

Die Yuppies haben es wiederentdeckt: das Seefeld. Das Quartier erstreckt sich am Zürichsee entlang in Richtung Zollikon. In den letzten Jahren hat es sich zu einem "Mekka der In-Restaurants" entwickelt - die Szene expandiert. Eines der Wahrzeichen ist die frisch renovierte Mühle Tiefenbrunnen (Seestr. 219, Tram 2, 4 bis Tiefenbrunnen), ein äusserst gelungenes Beispiel einer Ministadt, die sich mit dem Werbertreff „Blaue Ente" und dem Kleinertheater Miller´s Studio ganz der Ideologie des Geniessens verschrieben hat. Das andere Wahrzeichen ist der 1994 eröffnete China-Garten im Zürichhorn (Tram 2, 4 bis Höschgasse), ein Geschenk der chinesischen Partnerstadt Kumning. Im Sommer trifft man sich am See: Zwischen Bellevue, Zürihorn und Strandbad Tiefenbrunnen werden Woodstock, Flower power, St. Tropez und Acapulco gemeinsam zelebriert. Ein eminent wichtiger Treffpunkt: Badeanstalt Utoquai (Nähe Opernhaus). So schön können die Zürcher und Zürcherinnen sein.

Zürichberg

Reich ist er - und zuweilen fremd: der Zürichberg. Gleich hinter den beiden Hochschulen erstreckt er sich bis zum Zoo und dem Hotel Dolder, dem besten seiner Art - weltweit. Diskrete Schweizer Zurückhaltung prägt das Bild dieser erstklassigen – und auch abgehobenen - Wohngegend, welche - auch eine Exklusivität - über zwei eigene Bergbahnen verfügt (Rigi- und Dolderbahn). Bei der Bergstation Rigiblick befindet sich das Grab des deutschen Dichters Georg Büchner, auf dem Friedhof Fluntern ist der irische Schriftsteller James Joyce begraben. Und auch die selbsterkorenen Messiasse haben den Berg für sich entdeckt: Hare Krishna und der vom emigrierten Psychologen Friedrich Liebling gegründete Verein für psychologische Menschenkenntnisse (VPM) üben in den noblen Villen die Bekehrung der Welt. Doch bei allem Überirdischem: Auch Rocklegende Tina Turner herself hat sich jahrelang eine der weissen Villen gemietet. Bis sie – gestört von Kleingärtnern – das noble Quartier fluchtartig Richtung Zürichsee verliess, um in Küsnacht ihr neues Domizil zu wählen.

Sehenswertes von A bis Z

Augustinergasse
Reizvolle Gasse im Herzen der Altstadt (Ausgangspunkt Bahnhofstrasse). Flankiert von altehrwürdigen Häusern mit grossen Erkern, was in Zürich eine Seltenheit darstellt. Auf der Höhe des Münzplatzes steht die Augustinerkirche, welche früher zu einem Kloster gehörte. Der gotische Bau ist heute im Besitz der katholischen Gemeinde und wurde Ende der fünfziger Jahre renoviert. Die Gasse mündet in die St. Peterhofstatt, einem altehrwürdigen Platz, der wohltuende Ruhe ausstrahlt. Im Haus "Zur Reblaube" besuchte Goethe 1779 seinen Freund, den Theologen und Philosophen Johann Caspar Lavater (Gedenktafel).

Bahnhof Stadelhofen
Überzeugende Meisterleistung des Spaniers Santiago Calatrava - der Beweis, das Beton lebt. Für den Starachitekten soll der Bahnhof „wie eine Pause im Alltag" wirken. Die Anlage wurde 1990 bei der Inbetriebnahme der S-Bahn wiedereröffnet. Für Shoppingfans: Im Untergeschoss und in der angrenzenden Stadelhofer Passage befinden sich verschiedene Läden.

Bahnhofstrasse
Die autofreie Bahnhofstrasse, das eigentliche Prunkstück der Stadt, wird von den Einheimischen euphorisch als eine der schönsten Flanierstrassen der Welt bezeichnet. Sie erstreckt sich vom Denkmal des Zürcher Wirtschaftspolitikers Alfred Escher (1819-82) an der Südseite des Hauptbahnhofs bis zum Bürkliplatz am Ufer des Zürichsees. Dazwischen liegt der Paradeplatz. Auf einer Länge von rund 1,4 Kilometern wird sie von unzähligen Banken, Modegeschäften sowie den beiden traditionellen Einkaufshäusern Jelmoli und Globus flankiert: Der Bodenpreis hat Weltrekordhöhe. Zur Advents- und Weihnachtszeit wird die Strasse feierlich beleuchtet, was ihr einen eigenartigen Reiz gibt. Sehenswert sind auch die Grossplastiken des bekannten Zürcher Künstlers Max Bill (1908-1994) an der Ecke Bahnhofstrasse/Pelikanstrasse. Grosser Beliebtheit erfreut sich (vor allem bei Japanern und Amerikanern) das Glockenspiel beim Uhrengeschäft Kurz (Bahnhofstr. 80). Beim Kaufhaus Globus steht das Denkmal des berühmten Pädagogen Johannes Heinrich Pestalozzi (1746-1827). Die Bahnhofstrasse entstand in der zweiten Hälfte des 19. Jahrhunderts durch die

Schleifung der alten Wehranlagen und das Einebnen des Fröschengrabens.

Bellevueplatz

In der Mitte des Platzes - Verkehrsknotenpunkt am Ufer des Zürichsees - findet man ein Rondell mit Café und Kiosk. Der Platz ist umgeben vom bekannten Restaurant "Kronenhalle", dem legendären Café "Odeon", der nicht minder berühmten Würstlibar „Vorderer Sternen" sowie dem ehemaligen Varietétheater "Corso", einem imposanten Gebäude mit neubarocken Stilelementen (erbaut 1899/1900). Heute beherbergt es ein Kino und das Dancing "Mascotte". An der Südseite grenzt der Sechseläutenplatz an. Auf diesem wird jeweils im April im Rahmen des Sechseläutenfestes der Winter in Form einer Wattenfigur ("Bögg") verbrannt. Im Frühjahr gastiert jeweils während eines Monats der Schweizer Nationalzirkus "Knie" auf diesem Platz.

Börse Selnau

Eigentlich ist die Börse das wahre Symbol Zürichs, zählt doch die Limmatstadt zu den weltweit wichtigsten Finanzplätzen überhaupt. Das 1992 eröffnete Börsengebäude in der Nähe der Bahnhofstrasse zeichnet sich durch grosszügige Architektur und Raumgestaltung aus. Gegen die Sihl soll das sechsstöckige Gebäude "wie ein Stück Stadtmauer" (Projektbeschreibung) wirken. Paradox: Ende 1995 stellte die Börse ihren Publikumsbetrieb ein. Der Grund: die Computerisierung der Wertpapiergeschäfte. Heute dient das trutzige Gebäude mit der markanten Aufschrift „Börse" als Mausoleum des Kapitalismus und beherbergt einige Läden, ein Restaurant und mehrere Wohnungen.

Botanischer Garten

Der Botanische Garten, ein wahres Kleinod, ist in einem ehemaligen Stadtpark angelegt. Er umfasst über eine Million Pflanzen aus der ganzen Welt, u.a. aus dem tropischen Regenwald, den Savannengebieten und den Subtropen. Zusätzlich sind die Schauhäuser zu besichtigen. Bestens geeignet für esoterische Momente!
Öffnungszeiten März-Sept.: Mo.-Fr. 7-19 Uhr, Sa., So. und feiertags 8-18 Uhr; Okt.-Febr.: Mo.-Fr. 8-18 Uhr, Sa., So. und Feiertage 8-17 Uhr. Adresse: Zollikerstr. 107. (Station Höschgasse, Tram 2, 4; Station Hegibachplatz, Tram 11). Freier Eintritt!

Bürkliplatz
Die Parkanlage mit Pavillon am südlichen Ende der Bahnhofstrasse wird flankiert vom markanten Gebäude der Schweizerischen Nationalbank (erbaut 1919-1922). Ein Baum der Anlage ist dem Sänger Udo Jürgens gewidmet (Tafel). Auf der andern Strassenseite liegt der Anlegeplatz der Zürichseeschiffe. Bei schönem Wetter hat man einen reizvollen Blick auf die Glarner und Urner Alpen. Von Mitte Mai bis Ende Oktober (Sa. 6-16 Uhr) grosser Flohmarkt. Der Park wurde nach dem ehemaligen Zürcher Stadtingenieur Arnold Bürkli benannt, der massgeblich an der Planung der Bahnhofstrasse beteiligt war. Blickt man von der Quaibrücke aus Richtung Seebecken, so erahnt man die Lage der 6000 Jahre alten Pfahlbaudörfer, die hier standen. Bei klarem Wasser sind deren Überreste vom Ruderboot aus zu sehen.

Centre Le Corbusier (auch: Heidi-Weber-Haus)
Letztes Gebäude, welches nach Plänen des berühmten Schweizer Architekten Le Corbusier (1887-1965) von Heidi Weber 1967 errichtet wurde. Es dient als Ausstellungspavillon und liegt am Nordende des Zürichhorns. Adresse: Höschgasse 8 (Station Höschgasse, Tram 2, 4).

China-Garten
Kleine Geschenke erhalten die Freundschaft. Der 1994 eröffnete China-Garten im Zürichhorn ist ein Zeichen der Anerkennung von Zürichs Partnerstadt Kumning. Und diese Anerkennung wiegt schwer: Der Zürcher China-Garten ist weltweit einzigartig und steht auf dem höchsten Rang der chinesischen Gartenkultur - auf der kaiserlichen Stufe. Absolut sehenswert! Die ganze Anlage mit dem Namen Drei Freunde im Winter wurde ohne Nägel und Schrauben erstellt. (Tram 2, 4, Höschgasse). Täglich 11-19 Uhr, Do. bis 22 Uhr, Sa. ab 7 Uhr.

Denkmäler und Gedenktafeln
Verschiedene Denkmäler und Gedenktafeln erinnern an bedeutende Persönlichkeiten, die in Zürich wohnten oder die Stadt besuchten. Hier eine Auswahl:

Karl der Grosse: Karolingischer Kaiser und der Sage nach Gründer des Chorherrenstifts, dem das Grossmünster vor der Reformation angehörte. Statue am Grossmünster (Original in der Krypta).

ZÜRICH mit Plan

Huldrych Zwingli: Reformator, Denkmal vor der Wasserkirche.

Hans Waldmann: Berühmtester Zürcher Bürgermeister, der 1489 von den Stadtbewohnern geköpft wurde. Sein Denkmal steht auf der linken Seite der Münsterbrücke und gilt als eines der Wahrzeichen der Stadt.

Johann Wolfgang von Goethe besuchte Zürich einige Male. Gedenktafeln: Spiegelgasse 11, St. Peterhofstatt, Schönberggasse 15.

Johann Heinrich Pestalozzi: bedeutender Pädagoge, Denkmal in der Pestalozzianlage (Bahnhofstrasse).

Richard Wagner: Die Villa Wesendonck, in der sich heute das Museum Rietberg befindet, war für einige Jahre das Wohnhaus des Komponisten.

Gottfried Keller: Bedeutendster Schweizer Autor („Der grüne Heinrich") und ehemaliger Staatsschreiber des Kantons Zürich. Denkmal am Mythenquai. Geburtshaus "Zum goldenen Winkel" (Neumarkt 27).

Albert Einstein: Berühmtester Physiker aller Zeiten und während einiger Zeit Professor an der ETH (Unionsstr. 4).

Wladimir Illjitsch Lenin: Der russische Revolutionsführer lebte vor Ausbruch der Revolution im Haus an der Spiegelgasse 14.

Kurt Tucholsky: Die Gedenktafel in der Florhofgasse 1 erinnert an den Zürcher Aufenthalt (1932/33) des berühmten deutschen Schriftstellers.

Winston Churchill: In der Universität hielt der englische Staatsmann seine vielzitierte Zürcher Rede, in welcher er zur Wiedervereinigung Europas aufrief (Gedenktafel Aula).

Dolder

Vom Römerhofplatz (Station Römerhof, Tram 3, 8) fährt eine Zahnradbahn (Dolderbahn) zu den weltberühmten Hotels Dolder Grand Hotel und Dolder Waldhaus. Grosszügige Sportanlagen (Minigolf, Wellenbad (Mai bis September), Kunsteisbahn (Oktober bis März)). Schöner Spazierweg zum Aussichtspunkt Loorenkopf (40 Minuten).

Eidgenössische Technische Hochschule (ETH)

Mit der markanten Kuppel und in der Nacht beleuchteten Fassade ist die Eidgenössische Technische Hochschule (ETH) schon von weitem sichtbar. Sie wurde 1861-1864 nach den Plänen des Architekten Gottfried Semper errichtet und gilt als eines der bedeutendsten Gebäude aus der Zeit des Historismus. Im Laufe der Zeit wurde es mehrmals erweitert und umgebaut. Albert Einstein lehrte einige Jahre als Professor an der ETH, nachdem er - paradoxerweise - als Student 1895 bei der Aufnahmeprüfung durchgefallen war. Die ETH verfügt über die grösste öffentliche Bibliothek der Schweiz. Die Graphische Sammlung der ETH (Öffnungszeiten: Mo.-Fr. 10-17 Uhr, Mi.10-20 Uhr) präsentiert in Wechselausstellungen alte und neue Grafik. In der Tiefgarage sind rund zwei Dutzend der wichtigsten Werke des "Sprayers von Zürich", Harald Naegeli, zu besichtigen. Die ETH gilt als eine der wichtigsten Hochschulen, welche bereits mehrere Nobelpreisträger stellte. In der Kuppel wurde 1998 das Visualisierungs-Zentrum Visdome eingerichtet, welches dem Betrachter neue virtuelle Realitäten vermitteln soll (Internet: www.visdome.ethz.ch). Von der ETH-Terrasse aus (Aussichtspunkt!) kann mit der 1889 gebauten "Polybahn" das Niederdorf (Centralplatz) erreicht werden. Adresse: Rämistrasse 101 (Station ETH/Universitätsspital, Tram 6, 9, 10).

Fraumünster

An der Südseite des imposanten Münsterhofplatzes steht die romanisch-gotische Fraumünsterkirche, ein markantes Gebäude mit spitzem Turm. Eine Schenkungsurkunde besagt, dass König Ludwig der Deutsche 853 seiner Tochter Hildegard an dieser Stelle ein Kloster übergab. Die Kirche wurde im Laufe der Jahrhunderte mehrmals erweitert: So sind Fundamentreste aus dem 9. und 11. Jahrhundert erhalten. Sehenswert sind die fünf Chorfenster (1970) und die Rosette (1978) im Kircheninnern. Die farbintensiven Darstellungen stammen von dem weltberühmten Maler Marc Chagall - der Sponsor ist bis heute unbekannt. Die unlängst renovierte Kryptenanlage kann besichtigt werden (Telefonische Anmeldung: 01/262 20 81).

Friedhöfe

Auf den 22 Friedhöfen Zürichs und seiner Vororte liegen eine Reihe bedeutender Persönlichkeiten begraben. Auf dem Friedhof Sihlfeld kann man die Gräber des Gründers des Roten Kreuzes, Henri Dunant (1828-1910), des Sozialistenführers August Bebel (1840-1913) und des Schriftstellers Gottfried Keller (1819-1890) besuchen. Hier liegen ferner die Autorin des Kinderbuches "Heidi", Johanna Spyri (1827-1901), sowie der Schriftsteller und Journalist Alfred Polgar (1873-1955) begraben. Auf dem Friedhof Fluntern kann man die letzte Ruhestätte des irischen Schriftstellers James

Joyce (1882-1941) und die der berühmten Brechtdarstellerin Therese Giehse (1898-1975) besichtigen. Der Schriftsteller Thomas Mann (1875-1955) und sein Sohn Golo Mann (1909-1994) sind beide im benachbarten Kilchberg begraben. Bei der Seilbahnstation Rigiblick ist das Grab des Dichters Georg Büchner (1813-1837), Autor von "Woyzeck".

Grossmünster

Die ältesten Bauteile des Gotteshauses, das architektonische Wahrzeichen Zürichs, stammen aus dem 11./12. Jahrhundert. Die spätgotische Fertigstellung im 15. Jahrhundert erfolgte unter dem damaligen Bürgermeister Hans Waldmann. Anstelle der heutigen Kirche soll hier früher ein von Karl dem Grossen gegründetes Kloster gestanden haben. Eine Statue des Kaisers thront am Südturm (Original in der Krypta). Der spätromanische Kreuzgang aus dem 12. Jahrhundert wurde nach alten Plänen wieder aufgebaut. Die beiden Turmhauben bezeichnete Victor Hugo spöttisch als "Pfefferbüchsen". Der Reformator Huldrych Zwingli predigte hier 1519 erstmals die Reformation. Gegen ein kleines Entgeld kann einer der beiden markanten Türme, der Karlsturm, über eine kleinen Holztreppe bestiegen werden (geöffnet 1. März – 31. Oktober, 13.30 – 17.00Uhr, Eintritt sFr. 2.—, Rentner und Jugendliche sFr. 1.—). Grossartige Aussicht über die Altstadt.

Hallenstadion

Das 1939 erstellte Hallenstadion im Zürcher Vorort Oerlikon gilt als der Puls der Stadt. Neben Eishockeyspielen, Hallenfussballturnieren, dem traditionellen Sechs-Tage-Rennen (Ende November) finden darin auch Opernaufführungen, Ausstellungen und Popkonzerte statt. 1967 kam es bei einem "Rolling-Stones"-Konzert zu Tumulten. Bei einem Aufenthalt in Zürich lohnt es sich jedenfalls, einen Blick ins Veranstaltungsprogramm des Hallenstadions zu werfen. Auf dem benachbarten Messegelände der Messe Zürich finden Ausstellungen aller Art statt. Gegenüber befindet sich auch die offene Rennbahn Oerlikon, Austragungsort verschiedener Radsportanlässe und Zielort der Schlussetappe der Tour de Suisse (Juni). Station Sternen Oerlikon/Züspa, Tram 10, 14.

Hauptbahnhof

Der Zürcher Hauptbahnhof ist wohl einer der schönsten Bahnhöfe Europas. 1871 nach den Plänen von J. F. Wanner eröffnet, wurde der Bau im Laufe der Jahre immer den aktuellen Bedürfnissen angepasst. Die letzte Umgestaltung wurde 1997 für ca. 450 Mio. Franken beendet. Der Hauptbahnhof beherbergt auf mehreren Etagen Restaurants und Geschäfte sowie im Innern das städtische Verkehrsbüro. Architektonisches Prunkstück ist die pompöse Bahnhofhalle, die in ihrer kompromisslosen Leere schlicht grandios ist. Die Glasfront auf der Westseite wurde von Mario Merz gestaltet. Zusätzlich hängt über dem Boden ein 11 Meter hoher und 1,5 Tonnen schwerer, farbenfroher „Schutzengel" der Künstlerin Niki de Saint Phalle. Im Untergeschoss befindet sich die Ladenstrasse Shop-Ville mit rund 100 Geschäften, die teilweise auch sonntags geöffnet sind - Indiz für das moderne Zürich. Der Hauptbahnhof, in zentraler Lage inmitten der Stadt gelegen, eignet sich als Ausgangspunkt für eine Rundtour bestens.

Haus zum Rechberg

Bedeutendster Rokokobau Zürichs. Das am Hirschengraben gelegene Haus wurde 1770 von Hans Konrad Bluntschli vollendet und verfügt über original erhaltene Stuckarbeiten und Deckengemälde in den Räumen. Heute dient es der Universität und anderen kantonalen Stellen als Verwaltungsgebäude. Vom prachtvoll angelegten Park hat man einen schönen Ausblick über die Altstadt. Adresse: Hirschgraben, Station Neumarkt, Tram 3, Bus 31 bis Neumarkt.

Helmhaus

Der 1794 erstellte spät-klassizistische Bau am Ufer der Limmat diente seit dem 13. Jahrhundert als Gerichtsort und Markt. Heute werden in dem schmucken Gebäude städtische Ausstellungen durchgeführt. An der Südseite ist die 1484 fertiggestellte Wasserkirche angebaut, die ursprünglich auf einer Limmatinsel stand. An dieser Stelle sollen die Stadtheiligen Felix, Regula und Exuperantis gemartert worden sein. Vor dem Chor steht ein Denkmal des Reformators Huldrych Zwingli aus dem Jahr 1885. Die freigelegten, 1988 restaurierten Vorgängerbauten der Kirche und das zusätzlich eingerichtete Museum können jeweils Mi.von 9 – 12 Uhr und 14 – 17 Uhr besichtigt werden.

Kongresshaus

Imposanter Gebäudekomplex am "General-Guisan-Quai" unweit des Bürkliplatzes. Das 1938/39 erbaute Gebäude ist Veranstaltungsort wissenschaftlicher und künstlerischer Ereignisse. Der Kompolex umfasst mehrere Säle sowie das

Restaurant Metropol, das Spielkasino La Boule und das spanisch angehauchte Adagio. Das Kongresshaus (behindertenfreundlich!) ist mit der 1895 erstellten Tonhalle zusammengebaut. Station Bürkliplatz, Tram 2, 5, 8, 9, 11.

Kirchgasse

Malerische Gasse im Herzen der Altstadt zwischen Limmatquai und Seilergraben. Erbaut im 11./12. Jahrhundert, flankiert von gut erhaltenen Bürgerhäusern und von Zürichs Hauptkirche, dem Grossmünster. In der Kirchgasse befinden sich der Wohnsitz von Reformator Huldrich Zwingli und die Amtswohnung des bekannten Zürcher Schriftstellers und Staatsschreibers Gottfried Keller. Heute ist sie der Standort verschiedener Galerien, Antiquitätenläden und Buchhandlungen. In der Kirchgasse 48 findet man das Konsulat der Bundesrepublik Deutschland.

Kunsthaus (siehe Kapitel "Museen in Zürich")
Landesmuseum (siehe Kapitel "Museen in Zürich")

Langstrasse

Das andere Zürich: die Langstrasse verbindet den Helvetiaplatz (Kreis 4) mit dem Limmatplatz (Kreis 5). Die über 1,5 Kilometer lange Strasse steht im krassen Gegensatz zur noblen Bahnhofstrasse. Statt Banken und Edelboutiquen dominieren bei der Langstrasse Sexshops, Billigläden, Würstchenbuden und Kneipen wie die berühmten Bars Lugano und Olé-Olé. Neben den Hells Angels und Prostituierten gehören – leider – auch Obdachlose und Drogenabhängige zum Strassenbild. Trotzdem: die Langstrasse vermittelt gerade im Sommer südländischen Charme. An der Ecke Josefstrasse findet man orientalische und türkische Strassenhändler („Little Istanbul").

Limmatquai

Attraktive Einkaufsstrasse zwischen Central und Bellevue, direkt an der Limmat gelegen. Der Boulevard eichnet sich durch die Arkadengänge und zahlreiche historische Gebäude wie die Zunfthäuser "Zum Saffran", "Zum Rüden" und "Zur Zimmerleuten" sowie die Alte Wache und das Rathaus aus. Der Limmatquai ist zum beliebten Bummelboulevard der Yuppies geworden, nachdem sich in den alten Gemäuern moderne Geschäfte angesiedelt haben. Störend ist nur der Verkehr, doch bald soll der Limmatquai autofrei werden.

Lindenhof
Schöner Aussichtspunkt auf der linken Limmatseite mit Blick auf die 20 Meter tiefer gelegene Limmat, den Limmatquai, das Grossmünster, die ETH und die Universität sowie den ganzen Zürichberg. Der Lindenhof ist die eigentliche Geburtsstätte Zürichs: 15 v.Chr. wurde hier eine römische Militärstation errichtet, welche im Lauf der Jahrhunderte zu einem Kastell ausgebaut wurde. Heute lädt der mit grossen Bäumen umgebene Platz zum Verweilen ein.

Messe Zürich
Im 1998 eröffneten Messezentrum in Zürich-Oerlikon werden auf drei Ausstellungsebenen und im multifunktionalen Dachgeschoss Ausstellungen von nationaler und internationaler Bedeutung präsentiert. Die Ausstellungsfläche beträgt rund 30 000 qm. Das Gebäude besticht durch seine grosszügige Architektur. Aktuelle Messeinfos: Tel. 01/316 50 05, Internet: . Adresse: Schaffhauserstr. 374, Stationen Sternen Oerlikon/ Züspa, Tram 10, 14.

Mühle Tiefenbrunnen
Die Mühle Tiefenbrunnen ist das Eldorado der Werber, Künstler, Designer und Gourmets. 1986 wurde eine ehemalige Brauerei (später Mühle) im Zürcher Seefeld zu einem Alternativzentrum der besonderen Art umgewandelt. Heute sind in dem pompösen Gebäude u.a. das In-Restaurant Blaue Ente, die Galerie von Rudolf Mangisch, das Mühlerama (hauseigenes Museum), sowie Miller´s Studio untergebracht. Teile der intakten Mühle sind noch zu besichtigen. Tram 2,4 bis Station Bahnhof Tiefenbrunnen.

Museum Rietberg (siehe Kapitel "Museen in Zürich")
Niederdorf (siehe Kapitel "Quartiere und Treffpunkte")
Opernhaus (siehe Kapitel "Theater")

Paradeplatz
Ob der Paradeplatz im Lauf der Zeit einen moralischen Aufstieg erlebt hat, sei dahingestellt - von 1667 bis 1775 wurde hier der Schweine- und Viehmarkt abgehalten, heute ist der an der Bahnhofstrasse gelegene Platz das Herz des schweizerischen Bankenwesens. Flankiert wird der Paradeplatz auf der Nordseite durch den monumentalen Bau der Credit Suisse, dem legendären Schokoladenhaus Sprüngli mit seinem noch legendäreren Café sowie dem Traditionshotel Savoy Baur en Ville. Durch die Poststrasse hat man einen schönen Blick auf die Fraumünsterkirche und das Grossmünster. Im 19. Jahrhundert wurden auf diesem Platz militärische Paraden abgehalten - daher der Name.

ZÜRICH mit Plan

Parkanlagen

Im folgenden listen wir einige Park- und Erholungsanlagen auf, die uns bei der Recherche als besonders wohltuend aufgefallen sind.

Arboretum: unmittelbar am See gelegene Anlage mit seltenen und exotischen Bäumen und Pflanzen. Von der Bahnhofstrasse, dem Bürkliplatz und dem Bellevue bequem erreichbar. Tram 11, Station Bürkliplatz.

Belvoirpark: grösste Parkanlage der Stadt, auf verschiedenen Terrassen angelegt. Eigenes Restaurant. Zugang: Mythenquai 62, Seestr. 125. Tram 7, Station Billoweg.

Irchel: die wohl imposanteste Parkanlage der Schweiz, kunstvoll angelegt in unmittelbarer Nachbarschaft zur Universität Irchel. Grosses Biotop. Eignet sich bestens zum Joggen oder als Kinderspielplatz. Tram 7, 10, 14, Stationen Irchel oder Milchbuck.

Platzspitz

Altehrwürdige Parkanlage mit stilvollem Rondell in der Mitte. Liegt unmittelbar hinter dem Landesmuseum am Zusammenfluss der beiden Stadtflüsse Sihl und Limmat. Anlegeplatz der Limmatschiffe. Erreichte als Zürcher Drogentreff weltweite Bekanntheit ("Needlepark"). Seit 1992 geräumt und für das Publikum an bestimmten Wochentagen wieder begehbar.

Rathaus

Das zwischen 1694 und 1698 errichtete Rathaus befindet sich an der Südseite der Rathausbrücke und ist trotz barocker Anklänge ein im Spätrenaissancestil gestalteter Bau. Der "Festsaal" des Rathauses zählt zu den schönsten Barockräumen der Schweiz (Besichtigungen möglich!). In den Fensterverdachungen stehen die Büsten griechischer, römischer und Schweizer Helden. Das Rathaus dient dem kantonalen und städtischen Parlament für seine öffentlichen Debatten. Der Kantonsrat tagt jeweils am Montagmorgen, der Gemeinderat am Mittwochnachmittag (Station Rathaus, Tram 4, 15).

Rote Fabrik

Auferstanden aus Ruinen: von 1892 bis 1940 beherbergte die Rote Fabrik eine mechanische Seidenweberei, später diente sie als Gerümpelkammer des Opernhauses, heute ist sie das bekannteste Alternativzentrum der Schweiz und Mitteleuropas. Benannt wurde das Gebäude nicht nach der politischen Gesinnung seiner Bewohner, sondern nach den roten Backsteinen. Dient als

Bummeln im Niederdorf

ZÜRICH mit Plan

Austragungsort für Konzerte, Lesungen und Polithappenings. Hier klebt noch der Mief der Vollversammlungen! Kulinarischer Mittelpunkt ist das Restaurant „Ziegel oh lac". Adresse: Seestr. 395, Bus 161, 165 bis Rote Fabrik.

Schanzengraben

Der Schanzengraben ist ein Wasserkanal, der vom General Guisan Quai bis zur Gessner-Allee führt. Früher war er Bestandteil des Befestigungsgürtels, der die Altstadt vor möglichen Feinden schützte. Als man um 1830 die alten Stadtmauern schleifte, glaubte man auf den Schanzengraben nicht verzichten zu können. 1862 wurde der Kanal in die Sihl umgeleitet. Lediglich das Bollwerk „Zur Katz" (Eingang beim alten Botanischen Garten; Pelikanstr. 40) entging der Zerstörung und ist noch heute im Originalzustand zu besichtigen. Besonders imposant sind die alten Mauern mit ihren Schiesslöchern. Der Uferweg eignet sich bestens für einen rund 15minütigen Spaziergang. Auf grossformatigen Plakaten wird über die Geschichte des Grabens und der angrenzenden Häuser informiert.

Schauspielhaus (siehe Kapitel "Theater")

Schipfe

Der romantische Baukomplex zwischen Lindenhof und Limmat zählt zu den malerischsten Orten Zürichs. Die Schipfe erstreckt sich von der Rathausbrücke bis zur Uraniastrasse. Ende des 13. Jahrhunderts wurde sie erstmals urkundlich erwähnt; die jetzt bestehenden Gebäude stammen aus dem 17. und 18. Jahrhundert. Diente die Schipfe früher als Umschlagplatz für die Limmatschiffe, so gehört sie heute zu den privilegiertesten Wohnlagen der Stadt.

Spiegelgasse

Einen interessanten Marsch in Zürichs Vergangenheit bietet die Spiegelgasse im Niederdorf. Ausgangspunkt ist das Haus Zum Rech (Neumarkt 4), in dessen Innern alte Stadtansichten sowie ein Stadtmodell von 1800 zu besichtigen sind (Öffnungszeiten: Mo.-Fr. 8.00-17.00 Uhr, Sa. 8.00-11.30 Uhr; freier Eintritt). Im Haus Zum Waldries (Nr. 11) besuchte Goethe 1775 seinen Freund Johann Caspar Lavater (Gedenktafel), im Haus Zum hinteren Brunnenturm (Nr. 12) starb 1837 der Dichter Georg Büchner ("Woyzeck"), der in der Nähe des Rigiblickes begraben liegt (Gedenktafel). 80 Jahre später lebte im Nachbarhaus (Nr. 14) Wladimir Illjitsch Uljanow alias Lenin und nervte sich über den Geschmack der benachbarten Wurstfabrik. 1917 brach er von hier auf, um sich an die Spitze der russischen Revolution zu stellen (Gedenktafel). 1916 gründeten emigrierte Künstler um den Schriftsteller Hugo Ball in der Spiegelgasse 5 das Cabaret Voltaire, in welchem erstmals die Kunstrichtung Dadaismus zelebriert wurde (Gedenktafel).

Stadelhofer Passage

Gelungene städtebauliche Siedlung in unmittelbarer Nachbarschaft zum Bellevue und Bahnhof Stadelhofen. Wurde in den frühen achtziger Jahren nach den Plänen des bekannten Schweizer Architekten Ernst Gisel fertiggestellt. Sie umfasst mehrere Geschäfte wie eine Postergalerie, einen Flugshop und Modeboutiquen und außerdem ein angenehmes Restaurant. Der Schriftsteller Max Frisch ("Stiller") lebte bis zu seinem Tod 1991 in der Stadelhofer Passage.

Stadthaus

Sitz des Stadtpräsidenten von Zürich. Der Hauptbau wurde 1900 in einem von neugotischen Elementen dominierten Mischstil erstellt. In den Gängen werden gelegentlich auch Ausstellungen durchgeführt. Das Stadthaus ist ein auch architektonisch interessantes Gebäude mit beeindruckender Eingangshalle und einem Kreuzgang zur benachbarten Fraumünsterkirche. Adresse: Stadthausquai 17.

Stadtmauer

Hinter der Zentralbibliothek sind noch die letzten Reste der aus dem 13. Jahrhundert stammenden Stadtmauer zu besichtigen. Schrift- und Bildtafeln informieren den Besucher über den einstigen Mauerring, der Zürich vor Eindringlingen schützte. Empfehlenswert! Der Schlüssel zur Stadtmauer ist beim Baugeschichtlichen Archiv, Neumarkt 4, Tel. 01/262 20 81, erhältlich.

Sternwarte Urania

Einen Blick in die unendlichen Sphären des Weltalls ist auch von Zürich aus möglich - vorausgesetzt das Wetter ist gut. Die Sternwarte Urania (Turmhöhe 48 m) befindet sich in der Nähe der Bahnhofstrasse. Adresse: Uraniastr. 9. Öffnungszeiten bei klarer Witterung: Di.-Sa. 21-23 Uhr (Sommer), 20-22 Uhr (Winter). Tel. 01/205 84 84.

St. Peter

Mit dem grössten Zifferblatt Europas (8,7 m Durchmesser) ist die St. Peterskirche das meistbeachtete Gotteshaus Zürichs. Und das in einer Stadt, in der Zeit im wörtlichen Sinn Geld bedeutet. St. Peter ist die älteste Pfarrkirche Zürichs. Als Gotteshaus wurde sie erstmals 857 an dieser Stelle erwähnt. Im Mittelalter war sie die einzige Kirche Zürichs, die nicht zu einem Stift gehörte. Die Funde der Ausgrabungen sind zu besichtigen und befinden sich unter dem romanischen Chor (Telefonische Anmeldung: 01/262 20 81). In unmittelbarer Nachbarschaft zur St. Peterskirche befindet sich das Thermengässli. Auf Metallgittern schreitet man über die Überreste alter römischer Thermen aus dem 1. Jahrhundert.

Technopark Zürich

Dem unlängst eröffneten Technologie- und Wissenschaftszentrum wird eine grosse Zukunft vorausgesagt. Seine grosszügige und moderne Architektur wirkt bestechend. Ausstellungen zu aktuellen wissenschaftlichen Themen. Auskunft: 01/445 10 10. Adresse: Pfingstweidstr., Bus 54 (ab Escher-Wyss-Platz), Station Technopark.

Üetliberg

Zürichs Hausberg (871 m ü.M.) vermittelt bei klarem Wetter einen imposanten Blick auf die Stadt, den Zürichsee und die Alpen. In der Nacht präsentiert sich dem Betrachter ein imposantes Lichtermeer. Es gibt mehrere gemütliche Bergrestaurants und die Möglichkeit zu ausgedehnten Spaziergängen (z.B. zum Aussichtspunkt Felsenegg, 790 m ü.M., ca. 2 Std.; Rückfahrt nach Zürich mit Seilbahn und Eisenbahn bis Bahnhof Selnau möglich). Der Üetliberg ist ab Bahnhof Selnau (Tram 8) mit der Üetlibergbahn - eine der steilsten Bahnen der Welt ohne Zahnstange - in 20 Minuten erreichbar. Möglichkeit zu einer einstündigen Bergwanderung ab Albisgüetli (Tram 13). Auf der Spitze des Bergs mehrere skurrile Skulpturen des aussergewöhnlichen Zürcher Künstlers Bruno Weber.

Universität

Die Universität des Kantons Zürich ist ein massiver Bau aus den Jahren 1911-14 und steht unmittelbar neben der ETH auf einer Plattform. Schöner Blick auf die Stadt. Die Fassade ist im Mischstil (Neugotik, Neubarock, Jugendstil) gehalten. Imposanter Lichthof, in welchem sich eine Cafeteria befindet. Die Universität verfügt über mehrere Spezialsammlungen (paläontologisches Museum, archäologische Sammlung, medizinhistorische Sammlung, zoologisches Museum), die für die Öffentlichkeit zugänglich sind. Im benachbarten Haus "Zum oberen Schönenberg" befindet sich das Thomas-Mann-Archiv, in welchem Originalmanuskripte, die Bibliothek, die Nobelpreisurkunde sowie das Arbeitszimmer des Schriftstellers zu

besichtigen sind. Öffnungszeiten: Mi.und Sa. 14-16 Uhr, freier Eintritt.
Adresse: Rämistr. 71. Station ETH/Universitätsspital, Tram 6, 9, 10.

Waid
Aussichtspunkt mit überwältigendem Panorama auf Stadt und Alpen. Ausflugsrestaurant mit grosser Terrasse. Ab Bucheggplatz zu Fuss erreichbar (ca. 35 Min.) oder mit dem Bus 69 (Station Waidbadstrasse).

Zentralbibliothek
Die Zentralbibliothek im Niederdorf hat eine reiche Vergangenheit. Bereits Lenin soll im unlängst abgerissenen, heute aber exakt nachgebauten Lesesaal revolutionäre Schriften studiert haben. Und so versammelten sich Delegationen der verblichenen DDR und des kommunistischen Chinas in den Bibliotheksräumen, um ehrfurchtsvolle Blicke in den historischen Raum zu werfen. Heute sind es vor allem Studenten und Professoren der nahen Universität, die sich in der 1995 wiedereröffneten Bibliothek aufhalten. Die Zentralbibliothek hat Literatur zu allen Wissensgebieten, über 2,7 Millionen Einzelwerke, 5000 laufende Zeitschriften sowie 160 000 Bilddokumente. Adresse: Zähringerplatz 6.

Zoologischer Garten
Der Zoologische Garten (erbaut 1929) liegt ausserhalb der Stadt auf dem Zürichberg. Auf einer Fläche von rund 100 000 qm gibt es ca. 2000 Tiere von 250 Arten, u.a. Menschenaffen, Schneeleoparden, Spitzmaulnashörnern. Der Zoo umfasst ein Aquarium, ein Terrarium sowie einen Minizoo für Kinder. Empfehlenswert ist der Besuch der neuen Nebelwald-Anlage mit Nasen- und Brillenbären (Täglich geöffnet: 8-18 Uhr (Sommer), 8-17 Uhr (Winter). Eigener Souvenirshop.(Station Zoo, Tram 5, 6).

Zunfthäuser
Die Zünfte nahmen in Zürich einen wichtigen Stellenwert ein. Vom Mittelalter bis ins 19. Jahrhundert schlossen sich Handwerker und Gewerbetreibende in den Zünften zusammen, um ihre Standesehre zu wahren. Bürgermeister Rudolf Brun (1300-1360) verhalf den Zünften zu politischem Einfluss und neuem Ansehen. Die Zünfte versammelten sich jeweils in den architektonisch wertvollen Zunfthäusern, die heute zu den wichtigsten Sehenswürdigkeiten der Stadt gehören.

ZÜRICH mit Plan

Zunfthaus Zur Meisen. 1757 erbautes Zunfthaus in der Nähe der Fraumünsterkirche (Münsterhof 20). Porzellan und Fayencenausstellung des Schweizerischen Landesmuseums (Öffnungszeiten: Di.- So. 10.30 – 17.00 Uhr). Eintritt frei, Führungen nach Vereinbarung auch ausserhalb der Öffnungszeiten: Tel. 01/218 65 11).
Zunfthaus Zum Saffran. Treffpunkt der Krämer, Apotheker und Kaufleute. In dem 1723 entstandenen Gebäude sind drei Restaurants untergebracht (Limmatquai 54).
Zunfthaus Zum Schneidern. Das Gebäude wurde 1357 erstmals erwähnt. Nach dessen Abriss wurde es Ende der dreissiger Jahre nach alten Plänen neu aufgebaut. Im Zunfthaus befindet sich ein Restaurant auf zwei Etagen (Stüssihofstatt 3).
Zunfthaus Zur Waag. In diesem Zunfthaus (erbaut 1637) trafen sich jeweils die Weber und Hutmacher. Das Restaurant bietet feine und originelle Gerichte wie ein "Schweinsfilet zum geilen Mönch" (ehemaliger Name des Zunfthauses). (Münsterhof 8).
Zunfthaus Zur Zimmerleuten. Das 1783 erstellte Zunfthaus hat sehr schöne Erker und bietet einen schönen Blick auf die Limmat. Beinhaltet ein Restaurant (Limmatquai 40).
Zunfthaus Zum Rüden. Spätgotisches "Gesellschaftshaus der Constaffel" (Adligen) aus dem Jahre 1659 an der Limmat. Das Gebäude steht zum Teil auf Arkaden und verfügt über ein Restaurant (Limmatquai 42).

Zürichberg

Der Zürichberg liegt auf der rechten Limmatseite und erstreckt sich vom Hochschulquartier bis zum Zoo. In diesem Nobelviertel gibt es zahlreiche Villen und Aussichtspunkte, wie beispielsweise bei der Kirche Fluntern, dem Dolder oder Sonnenberg. Die Seilbahn Rigiblick (Tram 9, 10 bis Station Seilbahn Rigiblick) fährt zu einem attraktiven Ausflugsrestaurant.

Zürichhorn

Grosszügige, am See gelegene Parkanlage am Ufer des Zürichsees. Im Sommer ein äusserst freizügiger Treff der Zürcher und Zürcherinnen mit einem Hauch von Côte d´Azur. Auf dem Gelände stehen u.a. die vom Schweizer Künstler Jean Tinguely geschaffene Riesenmaschine "Heureka" (1964), das Museum Bellerive mit seinen frechen und unkonventionellen Ausstellungen, das Centre Le Corbusier und der China-Garten. Das Zürichhorn ist Anlegeplatz der Zürichseeschiffe. In den Sommermonaten werden abends auf einer Grossleinwand auch Spielfilme gezeigt (Kino am See).

ZÜRICH mit Plan

Zürich – kurios,
13 nicht alltägliche Tips

AQUI-Brunnen, Brandschenkestrasse 150

Wohl einzigartig: beim AQUI-Brunnen auf dem Areal der ehemaligen Zürcher Traditionsbrauerei Hürlimann kann der Besucher naturreines Mineralwasser beziehen, das aus 500 Metern Tiefe kommt. Und der Clou der Geschichte: entgegen aller Zürcher Gewohnheiten kostenlos! Das Wasser zeichnet sich durch hohe Qualität aus, hat eine Temperatur von 23 °C und ist sowohl nitrat- wie keimfrei. PS: Der berühmte Kugelbrunnen im Zürichhorn wird auch von einer unterirdischen Quelle gespeist. Der hiesige Untergrund ist folglich entgegen aller Klischee nicht nur von Tresoren und militärischen Anlagen durchlöchert.

Türler-Uhr, Uhrengeschäft Türler, Bahnhofstr. 28 (Eingang Paradeplatz)

Die vollkommenste Uhr der Welt befindet sich im renommierten Uhren- und Juwelengeschäft Türler am Paradeplatz. Das mechanische Wunderwerk spiegelt in vielfältigen Anzeigen und Darstellungen die vielfältigen zeitlichen Abläufe im Kosmos wider. So kann man sowohl die Sekunde als kleinste Zeiteinheit ablesen wie auch das platonische Jahr mit einer Umdrehung von 25 794 Jahren. Die Uhr wurde nach einer Idee von Geschäftsinhaber Franz Türler in aufwendiger Feinstarbeit innerhalb von neun Jahren fertiggestellt und ist für Interessierte problemlos zu besichtigen. Durch soviel Zeit wird der Betrachter förmlich erschlagen!

Schredderraum der UBS, Bahnhofstr. 45

Der Schredderraum der Schweizerischen Bankgesellschaft UBS (GO 180 UG, RGXY) erlangte Weltberühmtheit! Anfangs 1997 entdeckte Wachmann Christoph Meili im Untergeschoss der Hauptfiliale historische Akten, die etwas über die Rolle der Bank in der Zeit des Zweiten Weltkriegs aussagen, und rettete sie vor dem Reisswolf. Die Folge: weltweiter Imageverlust für die Bank und deren spätere Fusion mit dem Schweizerischen Bankverein. Der brave Wachmann aus dem Kanton Aargau hingegen mutierte zum amerikanischen Helden. Eine Geschichte, aus der Träume sind! In der Schweiz hingegen hält sich Meilis Popularität nach seiner historischen Tat in Grenzen. Heute lebt der Aktenretter mit seiner Familie in New York und behelligt die UBS mit Milliardenklagen. Für den Zürichbesucher dürfte sich die Besichtigung des Schredderraumes hingegen als eher schwierig gestalten, die telefonische Voranmeldung ist unerlässlich. Und ein Konto bei der Bank wohl auch...

Zürich kurios

ZÜRICH mit Plan

Steinkünstler Ueli Grass, Zürichhorn

"Stein auf Stein" lautet das Lebensmotto von Ueli Grass. Der 1943 geborene Künstler hat ein eigenartiges Hobby: Er nimmt Steine, sucht ihren Schwerpunkt und stellt sie aufeinander. Ein Happening der Sonderklasse an den Gestaden des Zürichsees (beim Zürichhorn)! Dazu meditative Musik. Mit dieser Aktion will der gelernte Manager, Fotograf und Lastwagenfahrer auf die Situation der Landfahrer aufmerksam machen. Achtung! Das steinige Spektakel ist vergänglich; Wind und Wellen machen den Steinbergen zu schaffen. Und weiter gilt: Berühren verboten!

AJZ-Denkmal, Anfang Limmatstrasse, Parkplatz gegenüber dem Platzspitz

Der Stein vermittelt Pathos, der Künstler ist unbekannt. Er ist der letzte Zeuge der 80er-Unruhen. An der Stelle des einstigen AJZ (Alternatives Jugend Zentrum) verkörpert er die tränen(gas)reiche Auflehnung der Jugend gegen das Zürcher Establishment. Die Unruhen sind vorbei, das AJZ abgerissen. Neben dem Stein befindet sich heute ein Parkplatz, von welchem die Busse nach Italien und Südtirol fahren. Andere Zeiten, andere Menschen.

Toilette, Universität

Von hier aus hat man den schönsten Blick auf die Stadt: vom Zürichsee über die City bis nach Baden. Die Universitätstoiletten (3. Stock, Altbau) entschädigen den gestressten Besucher für den beschwerlichen Aufstieg. Bei Föhn hat man einen tollen Blick auf die Alpen. Winston Churchill, so das Gerücht, soll die Toilette vor seiner berühmten Zürcher Rede in der Aula (50 Meter weiter) benutzt haben.

Seebad Utoquai

Nostalgische Holzbadeanstalt, die sich während der Sommermonate zum eigentlichen In-Treff entwickelt. Es herrschen strenge räumliche Trennungen: Auf dem linken Areal halten sich die Schwulen, auf dem rechten die Frauen auf, während das Publikum im mittleren Teil gemischt ist. Der Mittelteil teilt sich noch einmal in "Hollywood", der Platz für die ganz Schönen (links), und Manhattan (rechts) für gewöhnliche Sterbliche. Zeitung lesen dient nur als Vorwand. Der gestresste Banker mit dem Funktelefon könnte hingegen ein echter Banker sein. Wer sich am prallen Leben sattgesehen hat, widmet sich der Literatur. Hugo Loetschers Roman „Saison" (Diogenes Verlag, Zürich) ist eine amüsante Beschreibung des Bades und seiner Benutzer. Bereits der erste Satz ist Weltliteratur: „Er war berühmt, nur wusste dies niemand." (Strandbad Utoquai, Station Bellevue, Tram 2, 4, 5, 8, 9, 11, 15).

Szenelokal Movie

Fäkaliengraben (Ehgraben)

Ein kurzer Blick auf die hygienischen Bedürfnisse der alten Zürcher: Neben den Fäkaliengruben dienten im 13. Jahrhundert die sogenannten Ehgraben als Vorläufer der heutigen Toilette. Die Grundstücksnachbarn entleerten ihre Kloake in einem eigens eingerichteten Graben zwischen den Häusern, kamen aber gleichzeitig auch für dessen Reinigung auf. Der mittelalterliche Ehgraben zwischen den Häusern Schifflände 30/32 ist renoviert und mit erläuternden Bildtafeln und Texten ausstaffiert. Der interessierte Besucher hat die Möglichkeit, ihn zu besichtigen. Der Schlüssel ist gegen ein Depot beim Baugeschichtlichen Archiv, Neumarkt 4, Tel. 01/262 20 81, erhältlich.

Hommage an Max Frisch

Unter der Rubrik Sehenswürdigkeiten kann man den Rosenhof (im Niederdorf) wohl kaum einordnen. Ein karger Platz mit noch kargeren Fassaden. Trotzdem: Der Brunnen verkörpert hiesiges Kulturschaffen. Auf ihm ist eine Inschrift des wohl bekanntesten Schweizer Autors, Max Frisch, aus der Zeit des Vietnamkrieges zu lesen: "hier ruht kein kalter krieger, ..., kein grosser ZÜRCHER denker und STAATSMANN oder REBELL, weitsichtiger PLANER der freiheit ... dieses Denkmal ist frei".
Der Brunnen wurde trotz grosser Widerstände aus der Bevölkerung errichtet. In seinen Werken hat sich Max Frisch immer wieder mit seiner Heimatstadt Zürich auseinandergesetzt ("Stiller"). Nebenbei war Frisch gelernter Architekt: Die Zürcher Badeanstalt Letzi ist nach seinen Plänen errichtet worden. Frisch lebte bis zu seinem Tod (1991) in der Stadelhofer Passage.

Hommage an Udo Jürgens

Ein Blick auf die Türklingel von Udo J. im Corso-Haus, Theaterhaus 10 (Foto), ist für den wahren Bockelmann-Fan unerlässlich. Erst hier spürt man die Millionen von Tränen, die weibliche Fans an dieser Stelle vergossen haben. Um das Udo-J.-Erlebnis vollkommen zu machen, noch der obligate Blick zum Fenster des unsterblichen Troubadouren direkt unter dem Corso-Schriftzug. Brennt Licht, so sitzt der Meister im weissen Bademantel an seinem weissen Piano und spielt im Angesicht der über dem Zürichsee verschwindenden Abendsonne „Griechischer Wein". Brennt kein Licht, so ist er entweder auf Welttournee, in seinem Zweithaus in benachbarten Zumikon, auf dem Schnellboot oder gleitet mit seinem Rolls-Royce den Limmatquai entlang, über den Sinn des Lebens sinnierend. Die Udo-J.-Tour endet auf dem Bürkliplatz. Dort hat die Stadt Zürich 1994 anlässlich des 60. Geburtstags ihres grossen „Sohns" einen Baum gepflanzt und eine Udo-J.-CD im Boden vergraben (Gedenkschild). Merci Cherie!

Hommage an den Sprayer

Zürichs wohl berühmtester Künstler ist ein Phantom. Als Sprayer von Zürich erlangte Harald Naegeli in den 70er Jahren Weltruhm und eine 7monatige Gefängnisstrafe. Heute ist Naegeli längst nach Düsseldorf emigriert. Die meisten seiner legendären Strichmännchen sind durch die Polizei oder den Zahn der Zeit weggeputzt. Einige von ihnen sind aber noch im Original erhalten. Die „umfassendste" Sammlung der Naegeli-Figuren befindet sich in der ETH-Tiefgarage (Ecke Künstlergasse/ Rämistrasse). Inmitten von parkierten Autos ein grandioses Kunsthappening! Ein Muss!

Bruno Webers Weinrebenpark, Dietikon/ Spreitenbach

Die Umschreibung "Gesamtkunstwerk" wird Bruno Webers Weinrebenpark in Dietikon am besten gerecht. Eine grandiose Parkanlage mit Säulen, Fassaden und Türmen von ungeahnter Vitalität. Erstellt wurde die Anlage in der Tradition aussereuropäischer Kulturen und ist mit dem Vigelandpark in Oslo vergleichbar. Bruno Weber wurde 1931 in Dietikon geboren und ist seit 1962 mit der Installation seines Lebenswerks beschäftigt. Weitere Skulpturen des aussergewöhnlichen Künstlers befinden sich auf dem Üetliberg. (Der Weinrebenpark ist von Mitte Mai bis Mitte Oktober jeweils am Samstagnachmittag (14-16 Uhr) zu besichtigen, Tel. 01/ 740 01 56; mit dem Auto ca. 20 Min. von Zürich. Autobahn A1 in Richtung Bern, Bus 383 ab Bahnhof Dietikon bis zur Station Gjuchstr.

Die längste Baustelle

Die längste Baustelle der Welt? Die Chinesische Mauer oder die Pyramiden von Gizeh? Weit gefehlt. Die längste Baustelle der Welt ist das Autobahnstück A1 zwischen Winterthur und Zürich. Seit vielen Jahren wird an der Strasse geflickt, repariert und gehämmert. Und kaum ist das Ganze zu Ende wird wieder von vorne begonnen. Eine grandiose Leistung, obwohl der kantonale Finanzdirektor alljährlich über das Millionenloch in der Staatskasse spricht. Die Fahrt zwischen den Abschrankungen eignet sich auch als Elchtest. Jederzeit zu besichtigen, gegen Abend sogar mit dem unvergesslichen Stauerlebnis mit Blick auf die zürcherische Landschaft. Ein Muss!

ZÜRICH mit Plan

Zürcher Museen –
von gewöhnlich bis aussergewöhnlich

Wer ein, zwei Tage in Zürich verweilt, sollte einen kurzen Abstecher in eines der zahlreichen Zürcher Museen einplanen. Zum einen, weil die Spannbreite des gezeigten Angebotes überrascht, zum andern, weil Zürichs Ausstellungsmacher immer wieder mit aussergewöhnlichen – und zuweilen äusserst trendigen und aktuellen – Präsentationen brillieren. Die kostenlose Broschüre „Museen in Zürich" (erhältlich beim Städtischen Verkehrsbüro und in allen Museen) gibt allmonatlich einen umfassenden Überblick über das gezeigte Angebot. Im Gegensatz zu vielen ausländischen Häusern muss man aber in Zürichs Museen Eintritt bezahlen. Für den Museumsfreak empfiehlt sich zudem ein Trip in die Nachbarstadt Winterthur, in welcher sich weitere Museen von internationaler Bedeutung (u.a. Stiftung und Museum Oskar Reinhart „Am Römerholz" sowie das Fotomuseum) befinden.

Landesmuseum

Für Geschichtsinteressierte nicht ohne Reiz: wie sehen die Schweizer ihre eigene Geschichte?
Das Schweizerische Landesmuseum – erbaut von 1893 bis 1898 – thront wie eine Burg hinter dem Hauptbahnhof. In über hundert, teilweise prächtig ausstaffierten Räumen ist die grösste historische Sammlung der Schweiz untergebracht. Gezeigt werden Objekte von der Steinzeit bis zur letzten Jahrhundertwende. Heroische Fresken des berühmten Malers Ferdinand Hodler („Rückzug von Marignano" (1899) und „Schlacht bei Murten" (1917)) erinnern an die kriegerischen Grossmachtgelüste der Eidgenossen.
Öffnungszeiten: Di.– Do.8.00 –12.00 Uhr, 13.30 – 16.30 Uhr, Mi. und Fr. 13.30 – 16.30 Uhr. Eigene Präsenzbibliothek. Museumstr. 2, Tram 4, 11, 13, 14 bis Hauptbahnhof.

Kunsthaus

Ein Gang durch das Zürcher Kunsthaus ist voller Überraschungen: neben den schönsten Seerosenbildern von Monet und einer der grössten Munch- und Chagallsammlung zieren auch 18 wichtige Werke von Meister Picasso die Wände des Museums. Aber fast noch eindrücklicher sind die grossen und publikumswirksamen Ausstellungen im eigens gebauten Pavillion. Hier ist Zürich gross! Im Kiosk kann man zahlreiche Kataloge, Bücher und Poster kaufen. Öffnungszeiten: Di. – Do. 10–21 Uhr, Fr. – So. 10–17 Uhr. Führungen (auch fremdsprachig möglich), Tel. 01/ 251 67 65.

Kunsthalle

Trotz des schlichten Namens, die Kunsthalle Zürich gehört – laut dem deutschen Wirtschaftsmagazin „Capital" – zu den hundert wichtigsten Kulturinstituten der Welt! Vergleichbar mit der New Yorker National Gallery oder der Reina Sofia in Madrid. Da dies die wenigsten Zürcher wissen, haben Vernissagen auch internationalen Touch. Die Weltliga der Gegenwartskunst befindet sich im Löwenbräuareal, in unmittelbarer Nähe zum Museum für Gegenwartskunst. Limmatstr. 270, Tram 4, 13 bis Dammweg. Öffnungszeiten: Di.– Fr. 12 – 18 Uhr, Sa. und So. 11 – 17 Uhr.

Museum Rietberg (Villa Wesendonck)

Das Museum Rietberg ist in der Villa Wesendonck (Tram 7 bis Museum Rietberg) am linken Zürichseeufer untergebracht. Das Gebäude ist nach seinem ersten Besitzer, dem deutschen Kaufmann Otto Wesendonck, benannt und wurde Mitte des 19. Jahrhunderts erbaut. Während einiger Jahre wurde die Villa von dem Komponisten Richard Wagner bewohnt. Seit 1952 befindet sich hier ein Museum für hochstehende asiatische und afrikanische Kunst. Unter den über 2000 Ausstellungsobjekten sind indische und chinesische Steinskulpturen, schöne japanische Holzschnitte sowie Masken aus der Schweiz zu besichtigen. Öffnungszeiten: Di.– So. 10 –17 Uhr.

Im Haus zum Kiel

In der Nähe des Kunsthauses (Tram 3, 5, 8, 9 bis Kunsthaus) zeigt das Museum Rietberg in diesem Gebäude Wechselausstellungen zur aussereuropäischen Kunst. Öffnungszeiten: Di.– Sa. 13–17 Uhr, So. 10–17 Uhr.

Stiftung Sammlung E. G. Bührle

Die Sammlung E. G. Bührle zeigt einen Querschnitt durch die Sammlerleidenschaft des Grossindustriellen Emil Georg Bührle, Gründer der gleichnamigen Waffenschmiede. Das Museum zeigt bedeutende Werke französischer Impressionisten wie Manet, Monet und Degas. Berühmtestes Gemälde ist „Der Sähmann" Van Goghs, dessen Reproduktion unzählige Wohnstuben und Schulen

ZÜRICH mit Plan

ziert. Zollikerstr. 172, Tram 2, 4 bis Wildbachstrasse, Öffnungszeiten: Di.und Fr. 14 –17 Uhr, Mi.17 –20 Uhr.

Indianermuseum
Winnetou an der Limmat. Das einzige Indianermuseum Westeuropas zeigt über 1400 Gegenstände (Kleidung, Schmuck, Masken) der Indianer Nordamerikas. Weitere Exponate findet man im Völkerkundemuseum der Universität. Gut illustrierter Ausstellungskatalog. Zürich als Indianerstadt? Der Zürcher Indianermaler Johann Karl Bodmer (1809 –1893) („Indian-Bodmer") gilt als einer der bedeutendsten Indianerkenner. Inschrift an seinem Geburtshaus in Zürichs Niederdorf: „Indianer waren meine Freunde". Feldstr. 89, Tram 8, Bus 31 bis Hohlstrasse. Öffnungszeiten: Mi., Fr. und Sa. 14–17 Uhr, Do. 17–20 Uhr, So. 10–13 Uhr.

Kriminalmuseum
Welches Museum beschäftigt sich schon mit dem „Treibgut menschlicher Tragödien" (TagesAnzeiger)? Das Zürcher Kriminalmuseum zeigt neben eingemauerten Leichen, sichergestellten Waffen, Falschgeld und Abhöranlagen weitere kriminalistische Utensilien. Fazit: Auch die Schweizer sind nicht durchwegs gute Menschen. Polizeikaserne, Kasernenstr. 29. Geöffnet n.V., Tel. 01/247 24 02.

Weitere Museen:

Anthropologisches Museum der Universität Zürich-Irchel
Darstellung der naturwissenschaftlichen Grundlagen zur menschlichen Entwicklungsgeschichte. Eine halbe Stunde Zeit für Darwin? Winterthurerstr. 190, Tram 9, 10 bis Irchel. Öffnungszeiten: Di.– So. 10–16 Uhr.

Architekturforum
Städtebau und Architektur als Schwerpunktthema. Interessante Wechselausstellung und Diskussionsforen zu aktuellen Fachthemen. Neumarkt 15. Tram 3 bis Neumarkt.

Archäologische Sammlung der Uni Zürich
Sammlung antiker Originale. Führungen n.V. Öffnungszeiten: Di.– Fr. 13–18 Uhr, Sa. und So. 11–17 Uhr. Rämistr. 73. Tram 6, 9, 10 bis ETH.

Atelier Hermann Haller
Holzatelier des bedeutenden Schweizer Bildhauers Hermann Haller im Zürichhorn. Dient heute als Ort der Begegnung. Öffnungszeiten: Juni – August Mi.– So. 12 – 18 Uhr. Höschgasse 6. Tram 2, 4 bis Höschgasse.

Coninx-Museum
Grosse Sammlung des Zürcher Malers und Mäzens Werner Coninx (Schweizer Kunst des 19. und 20 Jh. sowie buddhistische und hinduistische Plastiken). Bis Herbst 1998 geschlossen. Infos: Tel. 01/252 04 68. Heuelstr. 32, Tram 3, 8, 15 bis Klusplatz.

Geologisch-Mineralogische Ausstellung
Sammlung von Mineralien, Gesteinen und Fossilien aus aller Welt. Wechselausstellungen und Führungen. Sonnegstr. 5, Tram 6, 9, 10 bis ETH. Öffnungszeiten: Mo. – Fr. 10 – 18, Sa. 10 – 16 Uhr. Über Weihnachten geschlossen.

Graphische Sammlung der ETH
Bedeutende Sammlung von Holzstichen, Kupferstichen und Radierungen europäischer Meister (z. B. Dürer, Rembrandt, Goya). Wechselausstellungen. Freier Eintritt. Öffnungszeiten: Mo.–Fr. 10–17 Uhr, Mi.10 –20 Uhr. Für die Sammlung ist eine Voranmeldung erforderlich. Tram 6, 9, 10 bis ETH.

Haus für konstruktive und konkrete Kunst
Ständige Werkgruppen und Wechselausstellungen von internationalen Künstlern zur konkreten und konstruktiven Kunst. Öffnungszeiten: Di.– Fr. 10–12 Uhr und 14 –17 Uhr, Sa. und So. 10 –17 Uhr. Seefeldstr. 317, Tram 2, 4, Bahn 7 bis Tiefenbrunnen.

Haus zum Rech
Baugeschichtliches Archiv. Alte Stadtansichten und Stadtmodell von 1800. Wechselausstellungen, Führungen und freier Eintritt. Öffnungszeiten: Mo.–Fr. 8–18 Uhr, Sa. 10–16 Uhr. Neumarkt 4, Tram 3 bis Neumarkt.

Helmhaus
Zeitgenössische Ausstellungen (Hauptgewicht bei den Schweizer Künstlern). Öffnungszeiten: Di.– So. 10 –18, Do.10 –20 Uhr. Limmatquai 31, Tram 4, 15 bis Rathaus/ Helmhaus.

Johann Jacobs Museum
Sammlung zur Kulturgeschichte des Kaffees. Äusserst aufschlussreich gestaltetes Museum im Zürcher Seefeld! Öffnungszeiten: Fr. und Sa. 14–17 Uhr, So. 10–17 Uhr. Seefeldquai 17, Tram 2, 4 bis Feldeggstrasse.

ZÜRICH mit Plan

Museen

Münsterterrasse im Sommer

ZÜRICH mit Plan

Kulturama – Museum des Menschen
Stammesentwicklung von Pflanzen, Tieren und des Menschen während 600 Mio. Jahren. Mumien, Fossilien, Knochen, Schädel und Werkzeuge. Beeindruckend! Öffnungszeiten: Di.–Fr. 14–17 Uhr, So. 10–17 Uhr. Schulen und Gruppen n. V. Di.–Fr. 9-12 Uhr. Birmensdorferstr. 318, Tram 9, 14 bis Talwiesenstrasse.

Medizinhistorisches Museum der Universität
Vom Medizinmann zur modernen Medizin: Geräte, Dokumente und andere Utensilien. Entwicklungsgeschichte von Infektionskrankheiten. Universität Zürich, Rämistr. 69, Tram 6, 9, 10 bis ETH, Tram 5 bis Kantonsschule. Öffnungszeiten: Di.–Fr. 13–18 Uhr, Sa./So. 11–17 Uhr.

Moulagen-Sammlung
Ein Unikat: Moulagen sind plastische Nachbildungen der Körperfläche des Patienten zur Darstellung seiner Krankheiten. Die ausgestellten Moulagen gelten weltweit als die perfektesten. Öffnungszeiten: Mi. 14–20 Uhr. Haldenbachstr. 14, Tram 9, 10 bis Haldenbach.

Mühlerama
Funktionierende Mühle über vier Stockwerke (bis 1983 in Betrieb). Ausstellung über Ernährung, Getreide und Nahrungsmittelüberfluss im Wandel der Zeit. Öffnungszeiten: Di.–Sa. 14.00-17.00 Uhr, So. 13.30 – 18.00 Uhr. Führungen n.V. (auf Wunsch Getreidemahlen, Brotbacken). Mühle Tiefenbrunnen, Seefeldstr. 231, Tram 4 bis Tiefenbrunnen.

Museum Bärengasse
Historische Wohnhäuser der vergangenen 3 Jh. inmitten des Bankenviertels. In den aufwendig restaurierten Wohnhäusern „Zum Schanzenhof" und „Zur Weltkugel" Ausstellungen zum Thema „Zürich im 18 Jahrhundert – Gesellschaft im Wandel". Im Erdgeschoss Puppenmuseum Sasha Morgenthaler. Geöffnet ab Herbst 1998, Führungen Tel. 01/218 65 11. Bärengasse 20/22, Tram 2, 6, 7, 8, 9, 11, 13 bis Paradeplatz.

Museum Bellerive
Sammlung des Kunstgewerbemuseums. Textilkunst, Kostüme, Keramik und Glas u.a. Schwerpunkt Jugendstil und 20 Jh. Äusserst originelle Wechselausstellungen !!! Öffnungszeiten: Sommer Di.–So. 11–19 Uhr, Mi.11–21 Uhr, ansonsten Di.– So. 10–17 Uhr, Mi.10–21 Uhr. Tram 2, 4 bis Höschgasse.

Museum für Gegenwartskunst
Neu eröffnetes Museum mit internationaler Gegenwartskunst. Schwerpunkt bildet die Sammlung des Migros-Genossenschaftsbundes. Das Museum befindet sich auf dem Löwenbräuareal, dem Gelände einer ehemaligen Bierbrauerei. Interessante Wechselausstellungen. Öffnungszeiten: Di.–Fr. 12–18 Uhr, Sa. und So. 11–17 Uhr. Limmatstr. 270, Tram 4, 13 bis Dammweg.

Museum für Gestaltung (Kunstgewerbemuseum)
Ein Hoch auf die Ästhetik: Das Kunstgewerbemuseum (gegründet 1875) gibt einen umfassenden Überblick über die Architektur, Kunst und das Design des 20. Jh. Im Mittelpunkt eine 200 000 Exponate umfassende Plakatsammlung. Öffnungszeiten: Di.–Fr. 10–18 Uhr, Mi.10–21 Uhr, Sa. und So. 10–17 Uhr. Ausstellungstr. 60, Tram 4, 13 bis Museum für Gestaltung.

Museum Schweizer Hotellerie und Tourismus
Faszinierender Querschnitt durch die Kulturgeschichte des Schweizer Tourismus. Öffnungszeiten April bis Dezember, Mi. und Fr. 14-17 Uhr, Sa. 11-17 Uhr, So. 11-13 Uhr. Trittligasse 8 (Oberdorf), Tram 2, 4, 8, 9, 11, 15 bis Bellevue.

Museum Strauhof
Ein Bijou: kulturelle Ausstellungen in stimmungsvollem Ambiente. Schwerpunkte sind literarische Themen. Öffnungszeiten: Di., Mi., Fr. 12–18 Uhr, Do. 12–21 Uhr, Sa. und So. 11–18 Uhr. Führungen Sa. 15 Uhr. Augustinergasse 9, Tram 6, 7, 11, 13 bis Rennweg/Augustinergasse.

Paläontologisches Museum der Universität Zürich
Fische und wirbellose Tiere aus dem Südtessin. Entstehung, Erhaltung und Präparation von Fossilien, u.a. Wirbeltiere, Schildkröten, Säugetiere, Ammoniten. Dinosaurier-Ecke. Universität Hauptgebäude, Karl Schmid-Str. 4, Tram 6, 9, 10 bis ETH. Öffnungszeiten: Di.– Fr. 9 –17 Uhr, Sa. und So. 10 –16 Uhr.

Shedhalle
Wechselausstellungen zur modernen Kunst. Öffnungszeiten: Mi.–Fr. 14–18 Uhr, Sa. und So. 14–20 Uhr. Rote Fabrik, Seestr. 395, Tram 7 bis Post Wollishofen.

Städtische Sukkulentensammlung

Saftspeichernde Pflanzen aus den Trockengebieten der ganzen Welt. Eignet sich zur Entspannung. Öffnungszeiten: täglich 9.00-11.30 Uhr, 13.30-16.30 Uhr. Mythenquai 88, Tram 7 bis Brunaustrasse, Bus 161 und 165 bis Haltestelle Sukkulentensammlung.

Thomas-Mann-Archiv

Manuskripte, Briefe und Handschriften im original eingerichteten Arbeitszimmer des weltberühmten Schriftstellers. Führungen n.V. Öffnungszeiten: Mi. und Sa. 14–16 Uhr. Schönberggasse 15, Tram 6. 9. 10 bis ETH.

Trammuseum Wartau

Historische Trams. Interessanter Überblick über die Zürcher Verkehrsgeschichte. Limmattalstr. 260. Öffnungszeiten: Winter jeden Mi. 19.30–21.00 Uhr. Ab April Museumslinie jeden ersten Sa. des Monats.

Uhrenmuseum Beyer

Zeitmessinstrumente aus allen Epochen. Interessant! Öffnungszeiten: Mo.–Fr. 14–18 Uhr. Bahnhofstr. 31, Tram 2, 6, 7, 8, 9, 11, 13 bis Paradeplatz.

Völkerkundemuseum der Universität Zürich

Ethnographien von Afrika, Äthiopien, Tibet, Indien, Indonesien und Amerika. Wechselausstellungen, öffentliche Bibliothek und Anlässe. Das Museum befindet sich im „Park zur Katz", dem alten botanischen Garten, einer der stimmungsvollen Anlagen der Stadt direkt am Schanzengraben. Öffnungszeiten: Di.–Fr. 10–13 Uhr, 14–17 Uhr, Sa. 14-17 Uhr, So. 11–17 Uhr. Pelikanstr. 40, Tram 2, 9 bis Sihlstrasse.

Zinnfiguren-Museum

Das Leben im Spiegel der Zinnfiguren. 40 000 Figuren präsentieren historische, zivile und militärische Motive. Kollektion Gottstein-Blum-Kollbrunner. Faszinierend! Öffnungszeiten: Mo., Mi. und Sa. 14-16 Uhr, So. 11-15 Uhr. Obere Zäune 19/ Napfplatz, Tram 3 bis Rathaus.

Zoologisches Museum der Universität Zürich

In der Schweiz heimische Tiere, seltene und ausgestorbene Arten aus aller Welt. Embryonalentwicklung des Menschen. Äusserst lehrreich. Öffnungszeiten: Di.–Fr. 9-17 Uhr, Sa. und So. 10–16 Uhr. Universität Zentrum, Karl Schmid-Str. 4, Tram 6, 9, 10 bis ETH.

Zunfthaus zur Meisen

Porzellan- und Fayencenausstellung des Schweizer Landesmuseums. Öffnungszeiten: Di.–So. 10.30–17.00 Uhr. Münsterhof 20 (Eingang Seite Fraumünster), Tram 2, 6, 7, 8, 9, 11, 13 bis Paradeplatz.

Zürcher James-Joyce-Stiftung

Bücher, Dokumente und Fotographien des in Zürich verstorbenen Schriftstellers, dessen Grab sich auf dem Friedhof Fluntern befindet. Öffnungszeiten: Di. und Do.14–18 Uhr oder n. V. Augustinergasse 28, Tram 6, 7, 11, 13 bis Rennweg.

Zürcher Spielzeugmuseum

Eine Trouvaille für den Spielzeugfreund! Das 1956 gegründete Museum zeigt Exponate aus der Sammlung Franz Carl Weber. Öffnungszeiten: Mo.–Fr. 14-14 Uhr, Sa. 13-16 Uhr. Fortunagasse 15, Tram 6, 7, 11, 13 bis Rennweg.

TIP:

Wem dies alles zu umständlich und auch zu teuer ist, dem bietet Zürich auch kostenlose Kunst im Freien – oder im hiesigen Dialekt ausgedrückt: „Kunscht – umesunscht"! Kunstwerke der folgenden Künstler sind in Zürich gratis zu besichtigen: Mario Merz und Nike de Saint Phalle (Bahnhofshalle), Henry Moore (vor dem Kunsthaus und im Zürichhorn), Pablo Picasso, Georges Braque und Joan Miro (Kronenhalle-Bar), Bruno Weber (Üetliberg), Bernhard Luginbühl (Flughafen), Jean Tinguely (Zürichhorn), Marc Chagall (Fraumünsterkirche), Harald Naegeli (ETH-Tiefgarage) ... L`art pour l`art der Topklasse für einmal gratis!

Ständige Events

Februar:
Zürcher Fasnacht. Grosser Umzug.
KAM; Schweizer Kunst- und Antiquitätenmesse, Messe Zürich. Im Schützenhaus Albisgüetli veranstaltet Zürichs umtriebigster Konzert-Manager Albi Matter jeweils das Internationale Country&Western Festival. Zwischen Hamburger, Coca Cola und dem American-way-of-live geben sich Stars aus aller Welt die Ehre.

März:
Pferdefreunde aller Länder vereinigt euch: Im Hallenstadion präsentieren Urs und Rolf Theiler den CSI Zürich, eine erstklassige Reitveranstaltung.

April:
Sechseläuten: Beim traditionellen Frühlingsfest zieht die ganze bürgerliche Zürcher High-Society in einem grossen Umzug durch die Innenstadt, um punkt 18.00 Uhr den Winter in Form einer Wattefigur ("Bögg") auf dem Sechseläutenplatz zu verbrennen. Anschliessend gastiert der Schweizer Nationalzirkus Knie für gut einen Monat auf dem Gelände. Im Schützenhaus Albisgüetli dominiert Dixie-Musik (Dixie Festival).

Juni:
Die 1997 von Opernhausintendant Alexander Pereira ins Leben gerufenen Zürcher Festspiele entpuppen sich als kulturelles Highlight. Während drei Wochen werden im Opern- und Schauspielhaus sowie in verschiedenen Theatern erstklassige Programme mit internationaler Beteiligung geboten. Im Corso-Theater beim Bellevue findet gleichzeitig das traditionelle Sommerfestival mit unkonventionellen, aber hochstehenden Tanz- und Theaterproduktionen statt. Radsportfreunde treffen sich auf der offenen Rennbahn in Zürich-Oerlikon, wo traditionellerweise die Tour de Suisse, das bedeutendste Schweizer Radrennen, endet.

Juli:
Wenn der Sommer lockt, wird Zürich zum totalen Happening! Alle drei Jahre findet das Züri-Fäscht statt, ein grossartiges Sommerspektakel mit Feuerwerk und Attraktionen aller Art. Der Festplatz erstreckt sich rund um das Seebecken (nächste Austragung 1998, 2000). Das OpenAir-Kino am See beim

Zürichhorn ist in den lauen Sommernächten erste Adresse. Leider sind die hochstehenden Kinovorstellungen bereits früh ausgebucht (Infos Tel. 01/391 91 93). Farbenfrohe Fröhlichkeit und multikulturelle Ausgelassenheit wird am Longstreet Carnival in der Zürcher Langstrasse zelebriert. Eine karibische Nacht an der Limmat! Musik und Food rund um die Uhr. Ein Tip! Jazzliebhaber kommen aber beim traditionellen New Orleans Jazz Festival (Bereich Innenstadt/Stadthausquai) auf ihre Kosten.

August:

Im August tanzt in Zürich zwar nicht der Bär, aber sonst alles, was Füsse hat. Am 1. August wird in der Schweiz der Nationalfeiertag gefeiert. Neben den traditionellen patriotischen Veranstaltungen am Morgen, finden abends überall Feuerwerke statt. Das grösste Sommerhappening hat aber mit Patriotismus nur wenig zu tun: Jeweils an einem Samstagmittag tanzen und quälen sich über eine halbe Million Menschen zu lauter Technomusik rund um das Seebecken. Die Street-Parade (Infos: 01/380 01 33, Internet: www.streetparade.ch), als eine der grössten Technoparties weltweit, ist mittlerweile eine Institution! Abends finden in der ganzen Stadt Raves und Parties statt. Die grösste Party überhaupt, die Energy, wird im Hallenstadion, den Clubs Oxa und Sensor sowie in der Messe Zürich durchgeführt. Auch Weltklasse, aber auf sportlichem Gebiet, wird beim Zürcher Leichtathletik-Meeting im Letzigrund-Stadion geboten. Beinahe schon obligat: ein Weltrekord (Tickets frühzeitig reservieren! Infos 01/215 40 00). Theater pur verspricht das Zürcher Theater Spektakel auf der Landiwiese. International renommierte Gruppen und Künstler zeigen direkt am Seeufer hochklassiges Theater. Auch gute Unterhaltung und ein sensationelles Ambiente verspricht das Dörfli Fäscht im Niederdorf.

September

Das Knabenschiessen (beim Schützenhaus Albisgüetli) hat in Zürich Tradition. Unter Tausenden von Jugendlichen wird der Schützenkönig erkoren; 1997 gewann erstmals ein Mädchen diesen begehrten Titel. Das Knabenschiessen ist mit unzähligen Schiessbuden, Achterbahnen u.a. gleichzeitig der grösste Rummelplatz der Schweiz. Auf der Landiwiese macht die Elite der Freestyle-Cracks ihre Aufwartung (Internet: www.freestyle.ch, Infos: Tel. 01/363 52 32), während der weltberühmte Cirque du Soleil „Alegria" schon traditionsgemäss auf der Allmend Brunau gastiert (Infos und Tickets: 01/457 72 72).

ZÜRICH mit Plan

ZÜRICH mit Plan

Bilder wie im Kino:
die Streetparade ist ein Augenschmaus

Oktober

Internationales und hochstehendes Frauentennis wird bei den European Championships – in unmittelbarer Nähe von Martina Hingis Wohnort - im Schluefweg-Zenter in Zürich-Kloten (Nähe Flughafen) geboten. Mehr Gemütlichkeit und weniger Sport verspricht hingegen die grösste Weinmesse des Landes, die Expovina. Die Veranstaltung wird am Bürkliplatz auf 12 stillgelegten Zürichseeschiffen durchgeführt. Die Züspa, die traditionelle Publikumsmesse für Haushalt, Wohnen und Sport, wird in der Messe Zürich abgehalten.

November

Kaum mehr wegzudenken ist das 6-Tage-Rennen im Zürcher Hallenstadion. In rauchgeschwängerter Atmosphäre spulen die Fahrer ihre Runden ab. Gute Stimmung!

Dezember

Den sportlichen Abschluss des Jahres bildet der traditionelle Silvesterlauf in Zürichs Innenstadt. Tausende von Läufern in allen Kategorien rennen durch die festlich beleuchtete Bahnhofstrasse. Der Einzug des neuen Jahres wird an Silvester mit einem grossen Feuerwerk und einer Party auf der Gemüsebrücke gefeiert.

Weitere Infos:

Städtisches Verkehrsbüro Zürich Tourismus, Tel. 01/215 40 00, Internet: www.zurichtourism.ch,

Messe Zürich, Tel. 01/316 50 05, Internet: www.messe-zuerich.com

Medienstadt Zürich -
Die Produkte und ihre Macher

Zeitungen und Zeitschriften

Eine Stadt spiegelt sich in ihren Medien wider. Wenn diese Behauptung stimmt, so muss Zürich eine der farbigeren Städte dieses Planeten sein. Die Zürcher Medienszene ist nämlich, auf die Grösse der Stadt und des Landes bezogen, äusserst lebendig. Gerade bei der gedruckten Presse besteht unter den vier wichtigsten Verlagshäusern der Schweiz (Ringier AG, TA-Media, NZZ und Jean Frey AG) eine harte Konkurrenzsituation, die in den letzten Jahren zu einem ausgeprägten Verdrängungskampf im Medienbereich führte. Andererseits kann dies für den Leser und die Qualität der Publikationen auch von Vorteil sein. So werden die meisten überregionalen und wohl auch einflussreichsten Zeitungen und Zeitschriften der Schweiz - unter anderen die liberale Weltwoche, das Nachrichtenmagazin Facts, die Wirtschaftspublikationen Bilanz und Cash, das Lifestyle-Magazin Cashual, die links-alternative WochenZeitung (WOZ), die Kulturzeitschrift „DU" sowie die leichteren und seichteren Ringierpostillen Schweizer Illustrierte und Glückspost - an der Limmat hergestellt. "Zürichlastig" ist im Rest des Landes vielerorts zu einem Schimpfwort geworden.

Die Neue Zürcher Zeitung (NZZ) erlebte in den letzten Jahren einen massiven Aufwärtstrend: Das Renommee verhält sich umgekehrt proportional zur Auflage. Dank der präzisen aussenpolitischen Kommentare und dem stark ausgebauten Wirtschaftsteil gilt die 1780 gegründete NZZ als eigentliches "Weltblatt". Die Lieblingslektüre der deutschen Kanzler Kohl und Schmidt (Motto: "NZZ-Leser wissen mehr.") erscheint täglich in einer Auflage von 150 000 Exemplaren. Die Monatsbeilage "Folio" erfreut sich dank seiner thematisch grosszügig aufgemachten Hintergrundgeschichten grösster Beliebtheit.

Die liberale Alternative zur wertkonservativen NZZ ist der Tages-Anzeiger mit gut ausgebauten Inland- und Sportteilen. Der ehemalige Chefredakteur Roger de Weck wurde 1997 abgeworben und leitet seither die Redaktion des renommierten Hamburger Wochenblatt „Die Zeit". Die Samstagsbeilage "Das Magazin" zeichnet sich durch interessante Reportagen und einen griffigen Schreibstil aus – ganz in der Tradition des englischen Journalismus. Der jeweils am Freitag beiliegende züritip ist zu einem unentbehrlichen Veranstaltungskalender für Stadt und Region geworden (liegt im Verkehrsbüro im Hauptbahnhof kostenlos aus). Als Spezialität wird der Tages-Anzeiger vom folgenden Tag bereits um Mitternacht in Zürichs Szenelokalen von Strassenhändlern verkauft!

Das Tagblatt der Stadt Zürich liegt gratis an vielen Tramhaltestellen und öffentlichen Plätzen aus und ist ein vielgebrauchtes Hilfsmittel für Wohnungssuchende.

Die grösste Zeitung der Schweiz ist der Blick. Die Boulevardzeitung berichtet im besten Sinn des Wortes farbig über Prominenz, Sex und Skandale der Schweiz. Ein Rezept, das sich bewährt: Mittlerweile erscheint der "Blick" bereits für den tschechischen und ungarischen Zeitungsmarkt. Eine publizistische Erfolgsgeschichte. Am Sonntag erscheinen jeweils der SonntagsBlick und die SonntagsZeitung.

Stadtzeitungen und Magazine

Lange Zeit war Zürich für die hiesige Presse kein Thema. Heute sind es verschiedene Printmedien, die sich mit dem Weltdorf an der Limmat auseinandersetzen. Der Gratisanzeiger Züri Woche trägt pointiert zur politischen Meinungsbildung der Stadt bei, wobei eher konservative Wertvorstellungen vertreten werden. Die Klatschspalte "Notizen zu Namen" ist nicht nur wegen ihrer Konkurrenzlosigkeit einmalig: Kolumnist Andreas Panzeri versteht es hervorragend, den zwinglianischen Schleier der Zürcher Schickeria zu lüften.
Das Zürcher Magazin - Chefredakteur ist der bekannte Fernsehmann Phillip Flury - berichtet über kulturelle und gesellschaftliche Aspekte von Stadt und Kanton Zürich. Besticht durch ein grosszügiges Layout und hervorragende Farbaufnahmen.

Szeneblätter

Die Zürcher Partyszene boomt sich an die europäische Spitze! Informationen über das reichhaltige und ständig wechselnde Angebot sind indes nur schwierig zu bekommen. Kein Wunder, dass sich clevere Kleinverleger diesem Umstand angenommen haben. Zur Zeit existieren drei Organe, welche mit Klatsch und Tratsch schriftlichen Nachholbedarf liefern. Das 1992 gegründete

Sputnik sieht sich in der Tradition der mittlerweile verblichenen "Tempo" und "Wiener". Prädikat: witzig aufgemacht. Mit ein wenig Glück ist die Zeitschrift sogar am Kiosk erhältlich (Freiexemplare Tel. 01/242 61 00). Auch das monatlich erscheinende Szeneblatt Forecast hat sich ganz dem Ausgehen, der Kultur und dem Stadtleben verschrieben. Das Trendmagazin bietet einen frechen Überblick über Zürichs Highlights und eine aktuelle Auflistung der wichtigsten Deutschschweizer Clubs (Tel. 01/287 90 67). Als wichtige Stütze der Zürcher Szene gilt der Toaster. Die Monatszeitung versteht sich als jugendliches Sprachrohr für Politik, Sound, Film und Underground in der Limmatstadt. Einen wichtigen Bestandteil nimmt die Auflistung illegaler Bars, einer echt Zürcherischen Spezialität, ein (Tel. 01/363 66 78). Das Blatt ist der wahre Beweis, dass die echte Szene nie alt wird; der erste Toaster erschien bereits 1971!

Rundfunk

Am 1. November 1983 fiel in der Schweiz eine radiophone Mauer: Das Monopol der Schweizerischen Radio- und Fernsehgesellschaft SRG wurde gebrochen. Eine Handvoll Lokalradios nahm im ganzen Land ihren Betrieb auf. Was zuerst als "Allotria auf Megahertz" (SPIEGEL) belächelt wurde, hat sich heute zum unentbehrlichen Bestandteil der Medienszene entwickelt. Trendsetter ist dabei Radio 24 (102,8 MHz) des Zürcher Journalisten und Unternehmers Roger Schawinski. Bis zur Legalisierung hatte der Unterhaltungssender von einem grenznahen italienischen Berggipfel aus Zürich mit Musik, Nachrichten und flotten Sprüchen berieselt. Der jahrelange Kampf mit den eidgenössischen Behörden, die den vermeintlichen Piratensender zum Verstummen bringen wollten, machte aus Schawinski einen Medienhelden. Dank seiner hohen Hörerzahlen, den umfassenden Informationsleistungen und des breiten Musikteppichs hat sich Radio 24 längst als moderner Stadtsender etabliert. Stündlich wird eingehend über das Wetter – und wohl noch wichtiger – über die aktuelle Verkehrslage berichtet. Die sonntägliche Talkshow "Doppelpunkt" (11.00 Uhr) präsentiert jeweils den wichtigsten Kopf der Woche. Der grösste Herausforder im täglichen Kampf um die Hörergunst ist das im Zürcher Seefeld angesiedelte Radio Z(100,9 MHz). Mit einem gut zusammengestellten Musikprogramm ("Middle of the road"), einem aufwendigen Informationsteil und vielen Spezialsendungen (Sonntag abends Partnerwahlsendung) hat sich dieser Sender in der hart umkämpften Radioszene ein eigenes Profil entwickelt.

ZÜRICH mit Plan

Ganz im Brechtschen Sinn, Rundfunk als Kommunikationsapparat, versteht sich das alternative Lokal-Radio Zürich (LoRa) auf 104,5 MHz. Der Sender ist genossenschaftlich organisiert und funktioniert nach dem Prinzip: Jeder, der etwas zu sagen hat, kann dies tun. Die stockenden Ansagen, die Versprecher und die schwerfälligen politischen Manifeste untermalt mit exotischer Musik aus aller Welt sind zum Markenzeichen des alternativen Senders geworden. Die Programmpalette erstreckt sich von Literatur- und Kulturmagazinen über Frauen- und Schwulensendungen bis zum tamilischen oder persischen Wunschkonzert. Die öffentlich-rechtlichen Sender DRS 1, DRS 2 und DRS 3 werden zu einem Grossteil in Zürich produziert. Der Musikteppich von DRS 1 ist ganz dem älteren Publikum zugetan. Eine erfreuliche Entwicklung, nachdem sich die neuen Sender fast ausschliesslich an ein jüngeres Publikum wenden. Der in Zürich stationierte Satellitensender Radio Eviva wie auch das Mittelwellenprogramm Musikwälle 531 widmen sich ausschliesslich der volkstümlichen Musik. Sierra Madre als Kampfparole gegen Technosound und House-Musik.

Fernsehen

Im TV-Sektor hat sich in den letzten Jahren einiges geändert: Zürich ist die wohl bestverkabelte Stadt der Welt - die Nabelschnur zu den allumfassenden Banalitäten sozusagen. Die Folge: Die wichtigsten TV-Sender sind auf den Bildschirmen gemäss dem Motto „Völker, seht die Signale!" störungsfrei zu empfangen.

Doch auch der hiesige Fernsehmarkt ist zum Kampf- und Tummelplatz verschiedener Interessen geworden: Seit dem 3. Oktober 1994 berichtet der Regionalfernsehsender TeleZüri ab 19.00 Uhr über die wichtigsten Belange der Grossagglomeration Zürich. Initiator des erfolgreichen Programms ist Medienunternehmer Roger Schawinski, der allabendlich in seiner eigenen Talk-Show zu bewundern ist. Ab Herbst 1998 soll aus den Sendestudios im Zürcher Steinfelsareal zusätzlich ein nationales Programm unter dem Namen Tele 24 ausgestrahlt werden.

Kino total ist das Leitmotiv des im benachbarten Schlieren ansässigen Star-TV. Der Filmsender zeigt rund um die Uhr Videoclips, Hintergrundberichte über Filme sowie Snowboardinformationen. Präsentiert wird das Programm u.a. von der ehemaligen Miss Schweiz Stephanie Berger.

Wer einmal Wetterguru Jörg Kachelmann in Aktion erleben will, kann dies auf dem Wettersender Top TV tun. Wie sein amerikanisches Vorbild sendet diese Station rund um die Uhr Wetter- und Tourismusnachrichten.

Doch auch die öffentlich-rechtlichen Programme der deutschen Schweiz werden in Zürich produziert. Ein Blick auf die Programme von SF1 und SF2 bestätigt, dass sich auch diese den modernen Fernsehtrends angepasst haben. So definiert sich SF2 als Jugendsender. Entertainer Dieter Moor präsentiert allabendlich die Sendung „Night-Moor" (Gratistickets unter der Nummer 157 540 414).

TeleZüri – CNN vom Nabel der Welt

Allabendlich ab 19.00 Uhr wird Zürich zu New York. Moderatorin Daniela Lager blickt in die Kamera und begrüsst die Zuschauer des Regionalsenders „TeleZüri". Über die Bildschirme flimmern anschliessend exklusive Berichte einer nächtlichen Drogenrazzia, eines Staatsbesuchs oder der Geburt eines Elefantenbabies im Zürcher Zoo. Seit bald vier Jahren zelebriert die erfolgreichste Privatstation des Landes Zürich als Nabel der Welt. Die Bewohner danken es: 400 000 Zuschauer verfolgen jeden Abend das stündlich wiederholte Programm, bereits im dritten Betriebsjahr ist die Station auf Gewinnkurs. Seine Vision von einer Lokal-TV-Station fand Initiator Roger Schawinski im fernen Amerika. In seinem Hotelzimmer sah der Zürcher Medienpionier den Time-Warners-Kabelsender New York 1. Im Gegensatz zu den herkömmlichen Stationen beschäftigte der Fernsehsender lediglich Einmann-Equipen. Konkret: der Journalist ist auch Kameramann, Rechercheur und Tonoperateur in Personalunion - Berufsbezeichnung: Video-Journalist oder VJ. Heute, fünf Jahre später, ist dieses Modell auch in Zürich Wirklichkeit. Seit dem 3. Oktober 1994 grasen täglich etwa 15 Videojournalisten die Stadt nach Nachrichten ab - Lokaljournalismus im Stil von CNN. Polizeisprecher Bruno Kistler hat längst die Bekanntheit eines Popstars, das Stadthaus ist durch die mediale Verbreitung zur privaten Wohnstube geworden und Zürichs berühmtester Fussballfan, „Trompeten-Sigi", wurde zum Kultsubjekt; ein Sender verändert eine Stadt. Zu den weiteren programmlichen Highlights gehören die tägliche Talkshow „Talk-täglich" mit Boss Schawinski

(Motto: „Hier moderiert der Chef persönlich"), die Feierabendsendung „Jukebox", das People- und Trendmagazin „Lifestyle", die Sonntagsdiskussion „SonnTalk" sowie die samstägliche Kupplersendung „ZüriDate", indirekt mitverantwortlich für den Anstieg der Zürcher Heiratsrate. Die Studios des Senders befinden sich auf dem Zürcher Steinfels-Areal, einem ehemaligen Industriekomplex an der Peripherie der Stadt. Aus der einstigen Seifenfabrik ist u.a. ein modernes und funktionstüchtiges TV-Studio geworden. Doch schon bald soll ausgebaut werden: Unter dem Namen Tele 24 will Initiator Schawinski seine Medienvision für die ganze Deutschschweiz ausstrahlen. Nicht ganz unbestritten: Lokalsender in andern Landesteilen befürchten, der Zürichgroove überschwemme am Ende noch die gesamte Schweiz. Aber das, so meinen nicht wenige, habe er schon längst.

Leinwandgeflüster:

Die Zürcher Kinos

Zürich ist eine typische Kinostadt. Trotz Konkurrenz durch Fernsehen und Video erfreuen sich die öffentlich vorgeführten Filme eines grossen Interesses. Die Vorstellungen sind meist gut besucht; das Publikum gibt sich selbstbewusst und kritisch. Viele internationale Produktionen sind in Zürich schneller zu sehen als im benachbarten Deutschland. Die Filme werden, und das betonen die Zürcher Cineasten nicht ohne Stolz, oftmals in der Originalversion (mit deutschen Untertiteln) vorgeführt.

Man pflegt die Kinokultur: Eiscreme in der Pause, dick gepolsterte Sessel im Innern und Dolbystereo von der Leinwand. Auch hier spielt der freie Markt: Zürichs Kinos buhlen mit Retrospektiven, Neuheiten und "exotischen Filmen", wie spanischen oder italienischen Produktionen, um die Gunst der Zuschauer. Dem Programm tut´s gut: längst sind in Zürich nicht mehr nur abgedroschene amerikanische Schinken zu sehen, sondern viele Überraschungen aus europäischen Ländern.

Der Schweizer Film, wegen des "Schwiizerdütsch" im Ausland gänzlich unbekannt, feierte in den letzten Jahren für einen kurzen Moment eine wahre Renaissance. Viele Regisseure setzten sich kritisch oder witzig mit ihrem Heimatland auseinander. Die Komödie "Schweizermacher", eine Groteske über die strenge Einbürgerungspraxis, lockte über eine Million Zuschauer an. "Das Boot ist voll", eine kritische Auseinandersetzung mit der Schweizer Flüchtlingspolitik während des Zweiten Weltkrieges, wurde für den "Oscar" vorgeschlagen. Diese begehrte Trophäe bekam 1980 der Zürcher Kunstmaler H. R. Giger für seine Installationen beim Film "Alien". 11 Jahre später wurde der in Zürich wohnhafte Regisseur Xavier Koller für seine "Reise der Hoffnung" mit dem "Oscar" ausgezeichnet. Ein ebenso beklemmender wie spannender Streifen; schildert er doch eine authentische Flüchtlingstragödie in den Schweizer Alpen. Zur Zeit aber ist von Euphorie im Schweizer Film nur wenig zu spüren. Finanzsorgen vergällen den Filmemachern das Leben. Ein kleiner Lichtblick ist lediglich der Spielfilm „Vollmond" (1998) des in Zürich wohnhaften Regisseurs Fredi Murer. Aber auch unbekanntere Regisseure feiern im Ausland Triumphe: Der Spielfilm „Urban Safari" des Zürchers Reto Salimbeni wurde in Hollywoods Kinos gezeigt. Und noch ein bisschen Lokalpatriotismus zu guter letzt: einer der grössten Filmlegenden überhaupt, Maximilian Schell, ist zusammen mit seiner Schwester Maria an der Culmannstrasse in Zürich aufgewachsen.

Gerade im Sommer ist in Zürich Kino total. Am Zürichhorn werden in den lauen Sommernächten auf einer Grossleinwand berühmte Spielfilme gezeigt. Eine Traumwelt. Für das Open-Air Cinema sind die Tickets deswegen unbedingt vorher zu reservieren! (Infos 01/391 91 93, Ticketschalter beim Bellevue oder Jelmoli-City).

Wo informiert man sich am besten über Zürichs Kinoprogramm? In den Tageszeitungen oder auf den Litfassäulen ist täglich eine Auflistung der laufenden Filme abgedruckt. Der Kinosender Star TV zeigt zusätzlich Hintergrundberichte und Trailers zu den aktuellsten Produktionen.

Für den Kinofreak empfehlen wir aber auch einen kurzen Blick in den züri tip (Freitagsbeilage Tages Anzeiger) oder auf die Internet-Homepage: www.kino.ch

Zürich hat rund 50 Kinos. Vorstellungsbeginn ist entweder 14 Uhr oder 21 Uhr (am Wochenende Spätvorstellungen). Studierende mit Legi erhalten unter der Woche Vergünstigungen. Außerdem wird montags mit Ausnahme der Sexkinos der Preis tiefer angesetzt.

ZÜRICH mit Plan

Hier eine Auswahl von Kinos, die sich unserer Meinung nach um Qualität und Kultur bemühen:

Kino Cinemax, Escher-Wyss-Platz

Ob Qualität und Kultur hier in jedem Fall angesagt sind, bleibt offen. Tatsache jedenfalls ist, das Cinemax ist das grösste, modernste und beeindruckendste Kino der Schweiz. Mit eigenen Restaurants und Vergnügungsmöglichkeiten. In zehn verschiedenen Sälen (!) werden die aktuellsten Produktionen vorgeführt. Viele Premieren.

Kino Frosch, Brunngasse 18 (Niederdorf)

Vor allem klassische und stille Filme. Lieblingskino des Autoren. Martin Walser hat das Kino Frosch in seinem Roman "Ohne einander" dreimal erwähnt. Bedarf deswegen keiner weiteren Empfehlung mehr.

Kino Nord-Süd, Schifflände

Der Besitzer verfügt über einen exzellenten Geschmack: Die gezeigten Filme entpuppen sich meist als verborgene Schätze. Abwechslungsreiches Programm. Karges, aber zweckmässig eingerichtetes Interieur, welches ein gutes Kinoambiente vermittelt.

Studio Commercio, Stadelhofen

Das Kino selbst ist schon einen Besuch wert: Der Eingang erfolgt durch ein italienisches Restaurant. Viele Studiofilme, die das ganz grosse Publikum nie erreichen. Hits und Flops wechseln ab.

Studio 4, Filmpodium, Nüschelerstr. 11

In einem beinahe unendlich anmutenden Zyklus wird täglich die ganze Filmgeschichte aufgerollt. Für Filmfreunde ein siebter Himmel. Die Reprisen stehen meist in einem thematischen Zusammenhang. Jeden zweiten Donnerstag des Monats organisieren das Schweizerische Filmzentrum und das Filmpodium der Stadt Zürich einen Filmtreff im Pressefoyer in der Stadelhoferstr. 12.

Kino Movie 1 und 2, Nägelihof 4

Ob eine chinesische, italienische oder schweizerische Aussenseiterproduktion - das Movie ist meistens gut besetzt: Ob es an den unbequemen Stühlen liegt? Modernes Stadtkino mit guter Filmauswahl. Tickets rechtzeitig besorgen.

Kino-Bar RiffRaff
Originelles Kleinkino in Zürichs Industriequartier. Die Kinofreaks Frank Braun und Anita Wasser wagen das Experiment: hochklassige Filme mit italienischen Designermöbeln. Adresse: Neugasse/Langstrasse.

Indoor CarCinéma
Ein Trend setzt sich durch: Nun hat auch Zürich sein Autokino. In einer Parkbox von 3 x 6 x 2,20 Meter werden dem Kunden attraktive Videofilme geboten. Das Repertoire umfasst u.a. Abenteuer-, Monumental- und Erotikfilme. Auch private Videofilme können abgespielt werden. Adresse: Parkhaus Hardturm, Bernerstr. 1 (38 Parkplätze im 3. Geschoss).

Die aktuellen Grossproduktionen werden meist in den Kinos ABC (beim Hauptbahnhof), Capitol (beim Central), Cinemax (Escher-Wyss-Platz) und Corso (Bellevueplatz) gezeigt.

Vorhang auf:
Kultur pur –
Theater und Alternativkultur

Zürichs Kulturszene ist geprägt durch die Auseinandersetzungen der achtziger Jahre. Die 61 Millionen Franken - für die Renovierung des Opernhauses bestimmt - lösten im Frühsommer 1980 die Zürcher Jugendunruhen aus; gewissermassen eine schweizerische Kulturrevolution. Der Ruf nach Unterstützung alternativer Kulturobjekte wurde laut. Mittlerweile hat sich das offizielle Zürich den nichtetablierten Künstlern angenommen, wie ein Besuch im Kulturzentrum Rote Fabrik, dem Theaterhaus Gessnerallee oder dem Jugendkulturhaus Dynamo (im Jugendhaus Drahtschmidli) beweist.

Die Kulturpolitik ist, "um die tiefgreifende kulturelle Spaltung" zu überwinden, direkt dem Stadtpräsidenten unterstellt. So veranstaltet die Stadt alljährlich das Theaterspektakel, welches diesen Namen zweifelsohne verdient. Ende August gastieren auf der Landiwiese (direkt am Zürichsee) renommierte Theatergruppen,

Künstler und Artisten, die unter freiem Himmel oder in Zelten auftreten. Ein kultureller Hochgenuss! Auch die seit 1997 durchgeführten Zürcher Festspiele (jeweils im Juni und Juli) erfreuen sich bereits nach einem Jahr über die Grenzen hinaus grosser Beachtung (siehe Kapitel "Veranstaltungen"). Daneben blüht in der Limmatstadt ein reichhaltiges Theaterangebot. Neben den etablierten Häusern wie Schauspielhaus und Opernhaus sind in den vielen Zürcher Theatern auch unkonventionelle Stücke unbekannter Autoren zu sehen. Gerade die von Finanzsorgen gebeutelten Theater am Neumarkt und Gessnerallee überraschen den Zuschauer mit innovativen Inszenierungen. Zürichs Ruf, eine äusserst lebendige Theatermetropole zu sein, schlägt sich hier nieder. Die Freitagsbeilage des Tages-Anzeigers, der „züri tip" berichtet ausführlich und umfassend über die Veranstaltungen der Kulturszene (Gratisexemplare sind im Verkehrsbüro im Hauptbahnhof erhältlich). Aber auch die offizielle Broschüre der Zürcher Präsidialabteilung, die Kulturagenda „zürich next", gibt einen umfassenden Überblick über Zürichs Kulturangebot. Das Tagesprogramm ist in den Tageszeitungen abgedruckt oder im Internet unter abrufbar. Tickets gibt es nicht nur an den Vorverkaufsstellen und Abendkassen, sondern auch in der Billettzentrale am Werdmühleplatz BIZZ (Nähe Bahnhofstrasse) Tel. 01/221 22 83, Öffnungszeiten: Mo.-Fr. 10.00-18.30 Uhr, Sa. 10.00-14.00 Uhr, oder beim Billettservice Migros City, Löwenstr. 31-35, Tel. 01/221 16 71. In den meisten Theatern Studentenvergünstigungen.

Schauspielhaus

Das Schauspielhaus am Heimplatz zehrt immer noch von seiner glorreichen Vergangenheit. In den Jahren 1933 bis 1945 war es die einzige freie Bühne deutscher Sprache und somit eine Hochburg des geistigen Widerstandes gegen die Hitlerdiktatur. Später wurden in ihm Stücke von Max Frisch, Friedrich Dürrenmatt und Bertold Brecht uraufgeführt. Das stattliche Gebäude am Pfauen diente ursprünglich als Bierhalle, heute ist es das wichtigste Kulturinstitut der Stadt. Zum Ensemble gehören bekannte Schauspieler wie Maria Becker, Annemarie Blanc und Helmut Kronlachner. Die Palette der gespielten Stücke reicht von den Klassikern bis zu den modernen Stücken junger Schweizer Autoren.

Schauspielhaus-Keller

Zu einem Theatervergnügen besonderer Art wird ein Besuch im Schauspielhaus-Keller. Im kleineren Rahmen werden Stücke von grosser politischer Aktualität gespielt. Sonntags-Matineen mit interessanten Zeitgenossen. Seit 1983 im Programm: "Der Kontrabass" von Patrick Süsskind. Dass eine Bank zu den Mäzenen des Theaters gehört, ist für diese Stadt nicht untypisch.
Adresse: Schauspielhaus, Rämistr. 34, Tram 3, 5, 9, Bus 31 bis Kunsthaus. Vorverkauf: Tel. 01/265 58 58, Info Internet www.schauspielhaus.ch

Opernhaus

Die Renovierung des Opernhauses führte zu Beginn der achtziger Jahre zu den Zürcher Unruhen. Mittlerweile ist der Stein des Anstosses äusserst grosszügig renoviert worden und passt gar nicht zur zwinglianischen Bescheidenheit. Der neubarocke Bau wurde 1891 eröffnet, nachdem das alte Opernhaus, in dem schon Richard Wagner dirigierte, den Flammen zum Opfer gefallen war. Das Opernhaus bietet Aufführungen von Weltformat, in den sechziger Jahren war es einige Male Schauplatz von Weltpremieren bedeutender Opern. Ein Besuch des Musikhauses lohnt sich nicht nur wegen der Vorstellung, sondern auch wegen der Champagnerkultur während der Pause. Unter der Ägide von Intendant Alexander Pereira hat sich das Opernhaus zu einer Bühne von Weltruf entwickelt. Empfehlenswert ist auch der Besuch der Opernhaus Studiobühne, auf welcher kleinere Produktionen aufgeführt werden oder Fachdiskussionen stattfinden.
Adresse: Opernhaus, Falkenstr. 1, Tram 2, 4 bis Opernhaus, Vorverkauf (Eingang Theaterplatz): Tel. 01/268 66 66, Fax. 01/265 65 55. Opernhaus Studiobühne: Tel. 268 66 66.

Bernhard-Theater

Das Bernhard-Theater, unmittelbar an das Opernhaus angebaut, wird von den Zürchern seiner rötlichen Farbe wegen nur "Fleischkäse" genannt. Seit dem Tod von Theaterdirektor Eynar Grabowsky ist das Theater ein bisschen aus den Fugen geraten. Das Theater um das Theater ist beinahe so spannend wie das auf der Bühne gezeigte. Trotzdem bietet das Traditionshaus ein

abwechslungsreiches Programm von reinem Boulevardtheater und hochwertigem Cabaret bis zu Esoterikvorlesungen. Zahlreiche Gastspiele bekannter Künstler aus dem deutschsprachigen Raum. Im Winter finden jeweils die Sonderveranstaltungen "Bernhard-Apéro" (Klatsch und Tratsch mit Prominenten und dem eloquenten, aber über die Grenzen hinaus bekannten Moderator Hans Gmür), die Buchpräsentation „Bernhard-Littéraire" (mit aktuellen Autoren) sowie jeweils Freitag- und Samstagnacht die „Bernhard-Late-Night-Show" (Beginn um Mitternacht) statt.
Adresse: Bernhard-Theater, Theaterplatz, Tram 2, 4 bis Opernhaus, Vorverkauf: Mo.-Sa. 10-20 Uhr, So. 13-20 Uhr, Tel. 01/268 66 86.

Theater am Neumarkt

Das Theater am Neumarkt versteht es, das Publikum mit gelungenen Vorstellungen zu begeistern. Seit 1965 verfügt es über ein eigenes Ensemble. Der Spielplan orientiert sich an modernen Stücken, meist von Autoren, die in Zürich noch nicht allzu bekannt sind. Die wegen Finanzknappheit angedrohte Schliessung des Theaters löste eine beispiellose Solidaritätswelle aus. Unter der Leitung der Direktoren Volker Hesse und Stephan Müller haben sich die Zuschauerzahlen in den letzten Jahren verdoppelt.
Adresse: Theater am Neumarkt, Neumarkt 5, Tram 3, Bus 31 bis Neumarkt, Vorverkauf: Di.-Fr. 14.30–18.30 Uhr, Sa. 17.00–18.30 Uhr, Tel. 01/267 64 64.

Kammertheater Stok

Im nostalgischen Kellertheater des verstorbenen polnischen Theatermannes Zbigniew Stok werden meist literarische Collagen gespielt. Der Bühnenraum umfasst 120 Plätze und ist einer der stimmungsvollsten der ganzen Stadt.
Adresse: Kammertheater Stok, Hirschengraben 42, Tram 3, Bus 31 bis Neumarkt. Abendkasse: 01/251 22 80, Vorverkauf: Billettservice Migros City, Tel. 01/221 16 71.

Theater an der Winkelwiese

Unkonventionelles Theater in der altehrwürdigen Villa Tobler gegenüber dem Kunsthaus. Das Haus hat sich als Labor für experimentelles Theater entwickelt. Im Programm :Performance und

Hörinstallationen. Das Theater wurde in den sechziger Jahren von der Emigrantin Maria von Ostfelden gegründet. Im Laufe des Jahres 1998 wird das Theater seinen Standort wechseln.
Adresse: Theater an der Winkelwiese, Winkelwiese 4, Tram 3, 5, 8, 9, Bus 31 bis Kunsthaus, Tel. 01/261 21 79, BIZZ 01/251 59 00.

Theater Heddy Maria Wettstein

Das Theater wurde 1963 von der Zürcher Schauspielerin Heddy Maria Wettstein, Absolventin des Reinhardt-Seminars in Wien, gegründet. Mit Vorliebe werden traditionelle Monodramen und literarische, meist unpolitische Kammerspiele vorgeführt. Die Theatergründerin steht manchmal selbst auf der Bühne. Während der Aufführungen kann an manchen Abenden diniert werden.
Adresse: Theater Heddy Maria Wettstein, Winkelwiese 4, 3. Stockwerk, Tram 3, 5, 8, 9, Bus 31 bis Kunsthaus, Vorverkauf: BIZZ, Tel. 01/221 22 83; Theaterbüro, Tel. 01/381 48 17.

Zürcher Puppentheater

Seit 1984 besitzt die Stadt Zürich ein eigenes Puppentheater. Das 150 Plätze umfassende Theater in der Nähe des Bahnhofs Stadelhofen verfügt über ein abwechslungsreiches Programm, welches sich auch für Erwachsene eignet. Im Foyer jeweils Marionetten- und Puppenausstellungen.
Adresse: Zürcher Puppentheater, Stadelhoferstr. 12, Tram 2, 4, 5, 8, 9, 11, 15 bis Bellevue, Vorverkauf: Tel. 01/252 94 24, BIZZ Tel. 01/221 22 83. Infos: www.kulturinfo.ch/Theater/puppentheater

Theater am Hechtplatz

Das Theater am Hechtplatz ist auf die leichte Muse spezialisiert: Mit Vorliebe werden Musical-, Cabaret- und Chansonvorstellungen bekannter Schweizer Künstler gezeigt. Meist amüsant, manchmal bleibt einem sogar das Lachen im Halse stecken. Einziger Wermutstropfen und gleichzeitig Markenzeichen: Die enge Bestuhlung. Das Programm wird von Nicolas Baerlocher, einem Mitarbeiter der Präsidialabteilung, geleitet.
Adresse: Theater am Hechtplatz, Hechtplatz 7, Tram 4, 15 bis Helmhaus, Vorverkauf: täglich ab 15 Uhr, Tel. 01/252 32 34.

Theatersaal Rigiblick

Gehört zu den positiven Errungenschaften in Zürichs Theaterleben. Im 200 Plätze umfassenden Rigiblicksaal wird vor allem getanzt und modernes, zeitgenössisches Sprechtheater aufgeführt. Unregelmässig ist das Kindertheater Kolibri zu bewundern. Am ersten Sonntag des Monats finden jeweils kulturelle Musikmatineen statt. Im Foyer des Theaters Ausstellungen und Tangoveranstaltungen.
Adresse: Theatersaal Rigiblick, Germaniastr. 99, Endstation Seilbahn Rigiblick, Vorverkauf über BIZZ, Tel. 01/221 22 83.

Theaterhaus Gessnerallee

Womit hat Zürich dieses Theater verdient? Ein umgebauter Reitstall dient seit 1989 als Bühnenraum. Ein vielversprechendes Projekt: Gezeigt werden mit Vorliebe ausländische Produktionen in ihrer Originalsprache. Dies gibt internationalen Touch! Seit 1997 wird das Theater von Jean Grädel, einem der bekanntesten Schweizer Theatermacher, geleitet. Nach der Vorstellung kann man sich bestens - nomen est omen - im benachbarten In-Treff Restaurant Reithalle verpflegen. In unmittelbarer Nachbarschaft (Gessnerallee 9) befindet sich die Schauspiel-Akademie und das Junge Theater Zürich (Gessnerallee 13).
Adresse: Theaterhaus Gessnerallee, Gessnerallee 8, Tram 3, 10, 14 bis Löwenplatz, Vorverkauf über BIZZ, Tel. 01/221 22 83. Schauspiel-Akademie, Gessnerallee 9, Tel. 01/226 19 26. Junges Theater Zürich, Gessneralle 13, Tel. 01/226 19 66.

Miller´s Studio

Die Ansprüche sind hoch: Miller´s Studio in der Ende der 80er Jahre renovierten Mühle Tiefenbrunnen zeigt das, was es in Zürich bis anhin nicht gab. Konkret heisst das: Tanztheater, internationales Kabarett, aber auch Jazzkonzerte. Ein gelungenes Experiment in einer gelungenen Umgebung!
Adresse: Miller´s Studio, Mühle Tiefenbrunnen, Seefeldstr. 225, Tram 2, 4 bis Bahnhof Tiefenbrunnen, Vorverkauf: Fastbox 0848 800 800.

ZÜRICH mit Plan

Ludwig Zweis Herzbaracke

Das wohl originellste Theater Zürichs befindet sich auf einem Zürichseeschiff. Während den Wintermonaten präsentiert Theatermacher Frederico Pfaffen witzige und freche Stücke auf schwankendem Untergrund.
Adresse: Ludwig Zweis Herzbaracke, Theatersteg am Bellevue, Tel. Reservierung: 01/211 78 51, 079/236 69 39, Fax: 01/211 77 39.

Kongresshaus

Eine wahre Musicaleuphorie hat in den letzten Jahren Zürich erfasst, und der Kongresshaussaal eignet sich bestens für diese Aufführungen. Weltbekannte Broadwayproduktionen und Operngalas werden vor allem während der Wintermonate gespielt. Ansonsten viele Konzerte, Messen und gesellschaftliche Anlässe.
Adresse: Kongresshaus, Gotthardstr. 5, Tramstation Bürkliplatz, Vorverkauf: BIZZ, Tel. 01/221 11 83.

Tonhalle

Der Tempel der Muse: Die 1895 erbaute und mit einer grossen Orgel ausstaffierte Tonhalle ist Zürichs "Mekka für Freunde der E-Musik". Der grosse Konzertsaal besticht durch sein Volumen: 36 Meter lang, 19 Meter breit und 13 Meter hoch. Leider wurde er nicht immer für musische Zwecke genutzt, sondern diente der NSDAP in den vierziger Jahren als Austragungsort für eine politische Manifestation. Heute besticht die Tonhalle durch ein abwechslungsreiches und hochstehendes Programm, in welchem regelmässig das hauseigene Tonhallen-Orchester auftritt.
Adresse: Tonhalle, Claridenstr. 7, Tramstation Bürkliplatz, Tel. 01/206 34 34.

Udo Jürgens Klingel im Mascotte-Haus

ZÜRICH mit Plan

Süsse Nächte –
Unterkunft

Zürich ist zwar eine gastfreundliche Stadt, aber auch eine teure. Vor allem die Übernachtungen, die Gastronomie und das Shopping reissen dem weniger gut betuchten Besucher ordentliche Löcher in den Etat. Dies bedeutet also, die Fix-Ausgaben ordentlich zu kalkulieren (es sei denn, die Firma zahlt). Andererseits erhält man für das Geld in Zürich eine entsprechende Gegenleistung: die Hotels sind internationale Spitzenklasse, die Schweizer Hotellerie setzt Massstäbe. Dies gilt auch für die Häuser im unteren Preisdrittel. Sie sind in der Regel familiär, sauber und freundlich. Bei den Hotelpreisen ist in den meisten Fällen das Frühstück inbegriffen; in den teuren Häusern wird es ohne weitere Kosten (exkl. Trinkgeld) direkt ans Bett serviert. Wer Zeit hat, kann auch eine Unterkunft ausserhalb in den Vororten (wie z. B. Oerlikon) wählen, mit den öffentlichen Verkehrsmitteln ist das Zentrum von jedem Punkt der Stadt max. innerhalb einer halben Stunde erreichbar. Wir geben hier in drei Kategorien Tips zu Unterkünften, die uns selbst zugesagt haben. Dies sagt aber nichts über die Qualität der anderen Hotels aus. Lassen Sie sich, sofern keine Eile besteht, bei der Hotelreservierung nach individuellen Wünschen beraten:

Hotelreservation:
Tel. 01/215 40 40, Fax: 01/215 40 44, E-Mail: hotel@zurichtoursm.ch
Zusätzlich befindet sich in der Haupthalle des Hauptbahnhofes (Nähe Treffpunkt) eine elektronische Anlage, von welcher man die verschiedenen Hotels der Stadt kostenlos anrufen kann!

Günstiger-als-andere

Sie merken es an der geschwollenen Überschrift: Es ist in Zürich schwierig, Unterkünfte um die 100 Franken pro Nacht zu finden. Trotzdem: hier ist unsere "Günstiger-als-andere"- Auswahl:

City Backpacker, Hotel Biber,
Niederdorfstr. 5. Der absolute Topspot im Zürcher Niederdorf, das Schnäppchen schlechthin: Eine Übernachtung im Gemeinschaftsraum kostet ca. sFr. 29, im Einzelzimmer ca. sFr. 65 (Visa und

Mastercard akzeptiert). Auf jedem Stockwerk befinden sich Toiletten und Duschen, ferner gibt es eine Waschmaschine, eine Gemeinschaftsküche und einen Souvenirshop. Wer „flower power" und internationale Atmosphäre mag, ist hier bestens aufgehoben. Tel. 01/251 90 15, Fax. 01/251 90 24, E-Mail: backpacker@access.ch

Hotel Leoneck,

Leonhardstr. 1, liegt oberhalb des Centrals; 5 Minuten von Zürichs Vergnügungsviertel Niederdorf entfernt. Eine Übernachtung kostet zwischen sFr. 80 und 100 (Einzelzimmer). Die Zimmer sind im Ethno-Stil ausstaffiert und verfügen über Bad/WC, Kabel-TV und Direktwahltelefon. Im Untergeschoss befindet sich – nomen est omen – das „Crazy Cow"-Restaurant mit einheimischer Kost. Wer die Schweiz mag, wie sie längst nicht mehr ist, fühlt sich hier zu Hause. Tel. 01/261 60 70, Fax. 01/261 64 92, E-Mail leoneckhotel@bluewin.ch

Pension St. Josef,

Hirschengraben 64/68. Komfortables und sauberes Gäste- und Studentenwohnheim mit günstigen Zimmern, zum Teil mit Dusche und WC ausstaffiert. Wer seinen Geldbeutel schonen will, ist hier an der richtigen Adresse. Die Preise bewegen sich zwischen ca. sFr. 70 (Einzelzimmer) und sFr. 105 (Doppelzimmer). Die Pension liegt eine Gehminute vom Central entfernt. Schwachpunkt: Der Hirschengraben ist eine gut befahrene Strasse. 75 Betten; Tel. 01/251 27 57, Fax. 01/251 28 08.

Hotel Seefeld,

Seehofstr. 11. Unscheinbares, aber günstig gelegenes Hotel in der Nähe des Bellevues und des Zürichsees. Das Einzelzimmer (ohne Bad) kostet rund sFr. 64 - für Zürich schlichtweg sensationell! Ist das Seefeld ausgebucht, sucht man in der Nähe das Hotel Dufour (Seefeldstr. 188) auf. Dieses Haus befindet sich in unmittelbarer Nähe und gehört der gleichen Preisklasse an. Hotel Seefeld: 30 Zimmer, Tel. 01/ 252 25 70.

Zic Zac Rock Hotel,

Marktgasse 17 (Niederdorf). Originellster Treff im Zürcher Niederdorf, bezeichnet sich als das erste Rock-Hotel der Schweiz. Die 36 Einzel- und Doppelzimmer sind je einem Musikstar oder einer Musikgruppe gewidmet – und auch entsprechend eingerichtet. Eine Nacht mit Brian Adams oder Bon Jovi? Ab sFr. 60

(Einzelzimmer ohne Bad) möglich. Im Untergeschoss des Hauses befindet sich der Zic Zac Rock Garde; Sex, ... and Rock´n Roll. Tel. 01/ 261 21 81, Fax. 01/261 21 75.

Die goldene Mitte

Hier drei Häuser, die selten ganz ausgebucht sind und trotzdem zentral liegen. In der 3-Sterne-Kategorie gibt's eine ganze Reihe von netten Hotels, die fast alle "unbesehen" gebucht werden können. Schweizer Qualität setzt sich auch hier durch. Verlangen Sie dazu - auch schriftlich - beim Verkehrsbüro die aktuelle Preisliste.

Hotel Zürichberg
Orellistr. 21. Ein architektonisches Bijou mit grandiosem Blick über Stadt und See. Hier wird der Zürichberg zum Zauberberg. Alkoholfreies Restaurant und Sonnenterrasse. Metaphysisch angehauchtes Ambiente, eignet sich bestens zum Entspannen und Philosophieren. 67 hell eingerichtete Zimmer, im Doppelzimmer ab sFr. 200. Tel. 01/268 35 35, Fax. 01/268 35 45.

Hotel Franziskaner
Niederdorfstr 1. Wer von Beginn an in der Szene sein will, steigt im Franziskaner ab. Die zugehörige Wirtschaft mit attraktiver Sommerterrasse ist ein blendendes Beispiel populärer Gastronomie. Die Hotelzimmer sind korrekt und einfallsreich gestaltet. Liegt im Niederdorf. Preise für Doppelzimmer zwischen 180 und 230 Franken. 40 Betten, Tel. 01/252 01 20, Fax. 01/252 61 78.

Hotel Kindli
Pfalzgasse 1. Das Haus zum Kindli ist ein Traditionshaus inmitten der Altstadt, wenige Minuten von der Bahnhofstrasse entfernt. Geschmackvolle Einrichtung: Die Zimmer sind individuell, im typischen Laura-Ashley-Stil ausstaffiert. Im Untergeschoss des Hauses befindet sich das Gourmet-Lokal Opus. Für das Doppelzimmer ohne Bad bezahlt man zwischen sFr. 250 und 270, am Wochenende gibt es möglicherweise Vergünstigungen. Tel. 01/211 59 17, Fax. 01/211 65 28.

Luxus

Wenn es einmal nicht auf ein Fränkli mehr oder weniger ankommt, erleben die Besucher puren Luxus in Zürich Hotels, die als Muster für jede Hotelfachschule gelten könnten. Wer für die Nacht im Doppelzimmer zwischen 300 und 550 Franken bezahlt, bekommt Häuser der alten Schule.

Die Namen Baur au Lac, Eden au Lac, Dolder Grand Hotel oder das Savoy Baur en Ville sind Legende. Hier arbeiten und arbeiteten die besten Hoteliers der Welt. Das Dolder zum Beispiel ist bereits Literatur: Schauplatz von John le Carrés „Nachtportier", und sogar der gestrenge Thomas Mann soll sich hier beim Dinner in den Kellner Franzl verliebt haben. Soweit die Legende. Zürichs Luxushäuser sind stilsicher und den modernsten Ansprüchen angepasst. Doch die dezente Steifheit, die solche Nobelpaläste umgibt, findet sich auch hier. Nach seinem Schnellstbesuch im Baur au Lac war Deutschlands Vorzeigesozialist Gerhard Schröder am 14. Januar 1998 so begeistert, dass er am nächsten Morgen eine halbe Stunde später aufstand. Eins ist sicher: Wer in einem solchen Haus auch nur einen Kaffee trinkt, wird korrekt behandelt. Die Schweizer wissen, dass der scheinbar Vergammelte oft mehr Geld im Beutel hat als der snobistisch Auftretende.

Doch was nützt dem Normalgast ohne Spesenkonto dieser Luxus? Nun, man kann ihn sich ja mal anschauen. Die oben bezeichneten Häuser sind allesamt auch Sehenswürdigkeiten. Ihre Standplätze, d.h. ihre Adressen finden sich in der offiziellen Hotelliste. Wir geben für den Luxusbereich nur zwei Empfehlungen:

Mövenpick Hotel Airport

Walter Mittelholzerstr. 8, 8152 Glattbrugg, bietet ab 22 Uhr seine freien Zimmer zu einem sogenannten Stand-by-Tarif an. Dann liegt der Raum unter der Woche bei ca. 200 Franken, gegenüber den ca. 220 Franken normal. Anfrage erforderlich. Das Hotel hat einen ständigen Flughafen-Shuttle und verfügt über immerhin 472 Zimmer. Zum Niveau der inzwischen weltweit erfolgreichen Mövenpick-Gruppe braucht man wohl nichts mehr zu sagen. Tel. 01/808 88 88, Fax. 01/808 88 77, Internet: www. moevenpick.ch.

Hotel Widder,

Rennweg 7. Zum eigentlichen Geheimtip hat sich das 1995 eröffnete Hotel Widder in Zürichs Altstadt entwickelt. Das Gebäude ist ein faszinierendes Gebilde aus zehn verschiedenen, stilvoll renovierten Wohnhäusern. Die 49 Zimmer – alle mit eigenem Faxgerät - sind individuell eingerichtet und verfügen teilweise über eine eigene Dachterrasse. Das Einzelzimmer kostet ca. sFr. 370, das Doppel ist ab sFr. 550 zu haben. Zu den prominenten Gästen zählten 1997 Cindy Crawford und Arnold Schwarzenegger, wobei beide ein separates Zimmer gewählt haben sollen. In der hauseigenen Bibliothek, in welcher sich nur Bücher mit zürcherischem Bezug befinden, sind die beiden Superstars nicht gesichtet worden. Statt dessen in der Widder-Bar, in welcher regelmässig hochstehende Jazz-Konzerte durchgeführt werden. Tel. 01/224 25 26, Fax. 01/224 24 24, E-Mail: widder@active.ch

Jugendherberge

Eine moderne, kubisch gebaute Jugendherberge gibt´s im Zürcher Stadtteil Wollishofen. Für junge Besucher der Stadt ein Top-Spot, hat man doch auch gleich internationale Kommunikation. Die Herberge ist im Sommer Ziel junger Reisender aus aller Welt. Während der Schulzeiten sind auch zahlreiche Schweizer Klassen hier einquartiert. Die Herberge hat 375 Betten, davon fast alle in Mehrbettzimmern (meist 6 Betten/Kajüten). Wenn's hart kommt, gibt es 2 Notschlafräume mit je 30 Betten. Duschen und Waschbecken auf den Etagen. Das Haus ist während 24 Stunden geöffnet. Wer auf sein Budget achtet, kommt an der JH Zürich kaum vorbei (eine Nacht sFr. 29, die weiteren sFr. 26.50). Die JH hat eine sehr gute Tramverbindung zum Hauptbahnhof (Linie 7 - bis Morgental) und ins Zentrum. Zu Fuss kann man den 5 Minuten entfernten Zürichsee erreichen. In der Nähe befindet sich auch die Rote Fabrik, Europas bekanntester Alternativtreff. Gerade im Sommer ein guter Treff.

Adresse: JH Zürich, Mutschellenstr. 114, 8038 Zürich, Tel. 01/482 35 44, Fax. 01/480 17 27.

Camping

Der Campingplatz "Seebucht" liegt am linken Ufer des Zürichsees und ist mit den Buslinien Nr. 161 und 165 mit der Innenstadt verbunden. Das 200 Ar grosse Gelände mit viel Natur hat von Mai bis Ende September geöffnet.

ZÜRICH mit Plan

Gut ausgebaute Infrastruktur: ein gemütliches Selbstbedienungsrestaurant, moderne Sanitär-, Wasch- und Duschanlagen mit warmem Wasser. Platzreservierung nicht unbedingt notwendig.
Adresse: Campingplatz Zürich-Seebucht, Seestrasse 559, 8038 Zürich, Tel. 01/482 16 12, Fax. 01/482 16 60.

Essen:
Von gut und billig bis besser und teuer

Die Zürcher Gastronomie besitzt einen ausgezeichneten Ruf. Schön, bei dieser kulinarischen Entdeckungstour muss man nicht um sein Leben fürchten (wie in vielen anderen Städten). Gut, man kann mal weniger korrekt bedient werden oder
auch einmal ein schlechtes Preis/Leistungsverhältnis finden, die Grundqualität der dargereichten Produkte führte aber bei unseren Tests nie zum absoluten out. Andererseits: gerade die Höhe der Preise ist ein Merkmal der hiesigen Gastronomie. Wer über einen kleinen Geldbeutel verfügt, sollte vor dem Essen besser die Speisekarte studieren, um nicht den Rest des Zürichaufenthalts beim Tellerwaschen zu verbringen (zumal die meisten Häuser über automatische Waschanlagen verfügen).
Wir nennen hier zwölf unserer persönlichen - rein subjektiv - Favoriten, die uns nicht zuletzt wegen ihrem Ambiente beeindruckt haben. Danach folgen lohnende ausländische Restaurants, schliesslich einige Häuser mit relativ preisgünstigen Küchen. Zum Schluss noch drei Luxusspots, die wirklich ihre Preise verdient haben.

Tip:
Wem nicht zu einer Gourmettour zumute ist, dem empfehlen wir den Pizzakurier eat me (Tel. 01/362 20 62).

Unsere zwölf Favoriten

Mère Catherine
Nägelihof 3, Zürich (Tel. 01/262 22 50/262 22 38), eines der beliebtesten Häuser unter den Künstlern und Lebenskünstlern der Stadt. Ein auf rustikal gehaltenes Dekor macht aus dem Essen auch einen kom-

ZÜRICH mit Plan

Essen

Interessante Gäste:
Gran Café am Limmatquai

munikativen Spass. Pluspunkt: die ideale Lage inmitten des Niederdorfs. Am Montagmittag diniert hier jeweils der grüne Parlamentarier Dani Vischer, das schweizerische Pendant zu Joschka.

Reithalle
Gessnerallee (01/212 07 66). Eine ehemalige Reithalle wird zum Gastrozentrum. Futterkrippen als Dekor - Voraussetzung für einen gelungenen Abend - entschädigen für die manchmal etwas eintönige Speisekarte. Bemerkenswert: der ausgezeichnete Salat und die wohl flinkste Bedienung der Stadt. Viele Künstler der benachbarten Alternativtheater.

Cooperativo
Zum Werdplatz. Strassburgstr. 5 (Tel. 01/241 44 75). Das Lokal hat Tradition - und das spürt der Besucher: Klassenkampf als Leitmotiv – aus einer Zeit als die Sozialisten noch Sozialisten waren. 1905 wurde das Lokal von italienischen Emigranten gegründet und ist seither der Hort der Zürcher Arbeiterbewegung. „Väterchen Lenin" markiert als Büste Präsenz, Karl Marx dominiert als Wandbild. Und die Toilette rauscht manchmal wie die Internationale. Zum Kulinarischen: hier isst man die besten Spaghettis der Stadt. Über Mittag viele Journalisten vom benachbarten Tages-Anzeiger.

Bindella
Paradeplatz (Tel. 01/221 25 46). Wenn Sie mit Ihrer Freundin in das Bindella kommen, werden Sie sich wundern: Die original italienischen Kellner verhalten sich original italienisch und wissen die weibliche Schönheit zu schätzen. Auch sonst: toskanisches Ambiente und hervorragende italienische Speisen.

Franziskaner
Stüssihofstatt (Niederdorf, Tel. 01/252 01 20). Ein Restaurant für jüngere Leute. Relativ preiswerte Gerichte ab ca. 10.-. Das Haus ist meistens gut besucht. Dennoch lohnt sich der Versuch, denn wer sich hier einen Platz ergattert, hat mit grosser Wahrscheinlichkeit einen äusserst kommunikativen Abend. Frauen können sich durchaus alleine in den Franziskaner wagen. Im Sommer kleine Terrasse mit Blick auf das bunte Treiben im Niederdorf.

Grünes Glas
Untere Zäune 15, Tel. 01/251 65 04. Stimmungsvolles Lokal mit vielen Künstlern, Lebenskünstlern sowie Juristen vom benachbarten Obergericht. Das Normale in stilvollem Ambiente (ehemaliges Zunftlokal). Originell: auf den Tischen Bundstifte zum Bemalen der Tischtücher: L`Art pour l`art. Das Kunsthaus ist in unmittelbarer Nähe.

Bodega Española
Münstergasse 15 (Niederdorf, Tel. 01/251 23 10). Originelles und ausgefallenes Publikum sind das Markenzeichen der Bodega. Das traditionsreiche Lokal bietet spanische Speisen in einer internationalen Atmosphäre. Die schlichte Einrichtung macht die Bodega zu einem der gemütlichsten ausländischen Speiserestaurants der Stadt. Mehrere spanische Kellner vermitteln den Eindruck eines Lebens in Katalonien. Die Speisefolge ist einfach, dafür auch nicht besonders teuer. Der Speisespass wird durch die dargebotenen Tapas vervollständigt. In der danebenliegenden Weinhandlung werden auserlesene spanische Weine verkauft.

Turm
Obere Zäune 19 (Niederdorf, Tel. 01/262 52 00/01). Hier trifft man die Könige der Zürcher Avantgarde, welche sich nicht gerade in die Blaue Ente, die Kronenhalle oder das Kaufleuten verirrt haben. Doch dies ist manchmal auch eine Frage des Preises. Der Turm ist grosszügig eingerichtet, die Speisekarte beeindruckend. Dass der Chef des Hauses Ihre Freundin umarmt, braucht Sie nicht zu stören - hier is(s)t man südländisch. Über die Unfreundlichkeit des Kellners wundern Sie sich bitte nicht, dies ist Ritual. Und wenn Sie das Lokal endlich verlassen haben (Ihr Tisch wird ständig von Wartenden belagert), haben Sie immerhin gut gespeist.

Latino
Seegartenstr. 14 (Dufourstr., Tel. 01/383 40 43). Zwischen all den Schönen und Schlanken nimmt auch der Geldbeutel ab; doch dies nimmt man hier gern in Kauf. Dafür ist man auch am Puls der Szene. Das italienische Essen ist hervorragend, die Dekoration geschmackvoll und die Bedienung schnell und zuvorkommend. Die enge Bestuhlung kann beengend wirken, doch dies zeichnet viele Zürcher In-Lokale aus.

Kreis 6
Scheuchzerstr. 65, Tel. 01/362 80 06. Der Name als Programm: seit Mitte der achtziger Jahre absoluter In-Treff im Nobelviertel Kreis 6. Das Besondere des Lokals liegt in der auserlesenen Speisekarte, der hübschen und freundlichen Bedienung sowie dem hellen Raum mit grossen Spiegeln und geschmackvollen Bildern. Exzellent: die schmackhaften Salate! Unbedingt reservieren!

Alpenrose
Fabrikstr. 12 (Nähe Limmatplatz), Tel. 01/271 39 19. Rustikales Trendlokal mit Jugendstilfenstern, einfacher Bestuhlung und unendlich viel Zeit. Auf der Speisekarte schmackhafte Schweizer Spezialitäten. Interessante Leute aus dem Industriequartier. Unbedingt reservieren!

Restaurant Adlisberg
Adlisbergstr. 75 (Bauernhof oberhalb Kunsteisbahn/Wellenbad Dolder), Tel. 01/251 83 20. Zurück zur Natur. Nur 10 Autominuten von der City entfernt auf einem anderen Planeten: Landleben pur als Kontrastprogramm zur Hektik der Grossstadt. Das Pächtertrio Eveline Maeder, Pietro Dallo und Patrick Staub hat aus der rustikalen Bauernstube einen veritablen Geheimtip gemacht: auf der Speisekarte dominieren Schweizer und italienische Spezialitäten. Als besonderer Clou: Frühstück gibt es bis 16.00 Uhr. Im Sommer sitzt man draussen und beobachtet die Kühe. Ketzerische Frage: Ist das gar die Blocher-Schweiz?

Vegitip: Restaurant Hiltl
Sihlstr. 28, Tel. 01/221 38 70. Ältestes Vegetarierrestaurant Europas, 1898 von Ambrosius Hiltl gegründet – ein grosser Pionier. Das Traditionshaus befindet sich direkt in Zürichs City und bietet rund 50 (!) verschiedene Salatmenüs. Rascher Service, günstige Preise und ein individueller Platz machen das Hiltl zu einem erstklassigen Spot. Zürichs Vegiprominenz wie Stadtpräsident Estermann sind hier anzutreffen. Motto: „Fleischlos glücklich" (Bilanz).

Mövenpick

Es wäre schlicht arrogant, die Mövenpickgruppe in dieser Liste zu ignorieren. Trotz kritischer Presse, Nachfolgerangel und ausländischer Aktienmehrheit wird die traditionsreiche Gastrogruppe in ihrer Heimatstadt ihrem weltweiten Renommee gerecht: Qualität, einwandfreies Essen in gepflegter Umgebung, zahlbare Preise. Und zum Nachtisch die weltberühmten Glacés. Von den annähernd 20 Mövenpick-Restaurants in der Stadt Zürich empfehlen wir folgende: Plaza (beim Bahnhof Stadelhofen), Frascati (Bellerivestr. 2), Outpost-Zoo-Silbermöve (beim Zoo), Palavrion (Beethovenstr. 32).

Ausländische Gastlichkeit

Japanisch

Sala of Tokyo, Limmatstr. 29 (Tel. 01/271 52 90). Wenn nicht nur das Essen, sondern manchmal auch die Rechnung auf den Magen drückt, der Sushi ist hier hervorragend.

China

Lian Huà, Winterthurer Str. 698 (Tel. 01/321 27 50). Chinesischer Küchenchef und Schweizer Leitung bringen eine starke Mischung aus vorzüglicher China-Küche und bestem Service.

Thailand

Laomai, Bahnhofplatz 9 (Tel. 01/211 17 72). Im zweistöckigen Asia-Tempel soll nach Aussagen des Betreibers "fernöstliche Erlebnisgastronomie" zelebriert werden. Überzeugen Sie sich selbst, der Thai-Food jedenfalls schmeckt gut.

Italienisch

Casa Ferlin, Stampfenbachstr. 38 (Tel. 01/362 35 09/ 362 35 23). Es mag gewagt sein, unter den zahlreichen sehr guten italienischen Restaurants eines herauszugreifen. Das Casa Ferlin bietet aber seit seiner Gründung zur Jahrhundertwende höchste Speisekost, und das soll erst mal einer nachmachen. Weitaus günstiger, aber durchaus auch empfehlenswert, sind das Restaurant Mediterraneo, Hönggerstr. 43 (Tel. 01/271 06 46), oder die Pizzeria Il Gallo am Escher-Wyss-Platz (Tel. 01/271 02 40).

Spanisch
Picasso, Neugasse 40 (Tel. 01/271 33 37). Gut geführter Spanier im Kreis 5. Hervorragend die Hausspezialität: frische Loup de Mer in Meersalz. Namensgeber Pablo P. würde sich über dieses Kunstwerk bestimmt freuen.

Indisch
Ravi's Indian Cuisine, Rütschistr. 29 (Tel. 01/361 66 56). Wem die heisse indische Küche schmeckt, wird sie in diesem Zürcher Haus in bester Vollendung erleben. Für den europäischen Gaumen gibt's auch weniger scharfe Gerichte.

Amerikanisch
O'Henry, Gottfried-Keller-Str. 7 (Tel. 01/ 251 77 90). Dieses Bar-Restaurant macht ganz auf Neue Welt. Die Hamburger sind o.k., die Drinks funny und die Barbecues
great. Oh, Amerika, was haben wir dir alles zu verdanken!

Koreanisch
Korea Pavillon, Badener Str. 457 (Tel. 01/492 33 32). Für Liebhaber der koreanisch-asiatischen Küche schon seit Jahren ein Begriff.

Libanesisch
Casino Aussersihl, Badener Str. 72 (Tel. 01/241 42 72). Das Lokal hat sich dank seiner exzellenten aussereuropäischen Küche zu einem Zürcher Szenetip entwickelt. Reservieren!

Mexikanisch
Gitano Mexicano, Münstergasse 9 (Niederdorf). Tel. 01/260 56 46. Gemütlicher Mexikaner mit idyllischem Sommergarten. Die Musiker spielen „Hasta siempre". Und der Tequila fliesst, ob braun oder weiss, Hauptsache er fliesst. Chef Tony Navarro hat einmal mehr einen goldenen Riecher (resp. Gaumen) bewiesen.

Zu guter Letzt - Schweizerisch
Dézaley Cave Vaudoise, Römergasse 7 (Tel. 01/251 61 29). Bei einem Schweiz-Besuch ist wohl ein original Schweizer Fondue mit original Schweizer Brot unumgänglich. Das Dézaley ist ein "stadtbekannter Geheimtip", wo man trotz allem Patriotismus von Alphornklängen verschont bleibt.

ZÜRICH mit Plan

Insider-Treffs
zwischen Restaurant und Bar

J.O.S.E.F.
Gasometerstr. 24 (Tel. 01/271 65 95). Inmitten Zürichs heissestem Pflaster, dem Kreis 5, hat sich das Josef etabliert. Ohne Reservierung gibt's hier kaum etwas zu essen, dann kann man nur an der Bar (sinniger Name: M.A.R.I.A) stehen und über die Gespräche der Gäste staunen. Originaldialog zweier Leute: "Wir kennen uns schon fünf Minuten. Wo gibt`s Frühstück?" (Ja, ja, im J.O.S.E.F. geht man aber originell ran!). Essen: blumig und abwechslungsreich, leider nicht ganz billig.

Rosaly
Freieckgasse 7, beim Bellevueplatz (Tel. 01/261 44 30). An der Schiefertafel steht das Menü, und die Küche liefert das beste Essen an die dicht gestellten Tische. Szenenhelden stehen zum Espresso an der geräumigen Bar. Neulinge erkennt man daran, dass sie in den Nebenraum laufen wollen und zu spät feststellen, dass dies nur ein blankgeputzter Spiegel ist. Innerstädtisch der Schrei, leider ist zur Zeit Swiss-Ethno-Style in; aber der dauert ja auch nicht ewig.

Back und Brau
Steinfelsareal (Tel. 01/271 10 30). In der ehemaligen Seifenfabrik (Nähe Escher-Wyss-Platz) wird ein kulinarisches Experiment gewagt: Die Backwaren und Hefeteigfladen werden selber gebacken, das Bier in der hauseigenen Brauerei gebraut. Der Name „Back und Brau" als Programm. Hostessen bedienen die „Schönen und die schön Durstigen" (Insiderspruch) – und manchmal auch die andern. Am Sonntagmorgen ausgiebiger Brunch.

Preiswert

Rheinfelder Bierhaus (Blutiger Daumen)
Marktgasse 19 (Niederdorf), Tel. 01/251 29 91. Erfrischend normal, den aktuellen Modetrends abhold – und deswegen auch unzeitgemäss aktuell. Gut bürgerliche Küche als Markenzeichen: währschafte Teller für wenig Geld. Selbst die Bedienung ist zeitlos. Der Geschmack bleibt meist auf der Strecke, aber das Mahl reicht gut

für einen ganzen Tag (einschliesslich Verdauung). Jedenfalls sind die Teller voll mit Rösti, Würstchen, Geschnetzeltem und anderen Sachen.

Weisser Wind
Oberdorfstr. 20 (Nähe Bellevue), Tel. 01/251 18 45. Durchsage an den Gast: "Das ist die Schweiz". Gute Hausmannskost, die im Bereich des Zahlbaren liegt. Viele jüngere Leute, die ihren Geldsack nicht zu fest beuteln wollen. Dem Tester haben die knusprigen Semmeln gemundet. In den oberen Stockwerken finden abends jeweils Cabaretvorstellungen statt.

McDonald's
Bahnhofstr. 79. Am grossen Platz vor dem Kaufhaus Globus präsentiert sich unvermeidlich McDonald's. Das gut florierende Lokal ist zum Treff der Kids geworden (weitere McDonald's im Niederdorf, Niederdorfstr. 30, oder im Industriequartier, Langstr. 201).

Migros-Restaurants
Wer es in bezug auf Qualität und Preis ganz genau nimmt, der kommt an den Migrosrestaurants nicht vorbei. Das grosse rote M bürgt für einwandfreies Essen. Migrosrestaurants finden sich in der Stadtmitte im Migros-City (Löwenstr. 31-35, Nähe Bahnhof) oder im Migros-Markt am Limmatplatz. Weitere Adressen in den Aussenquartieren: Hofwiesenstr. 350 (Oerlikon), Schaffhauser Str. 491 (Seebach), Etzelstr. 3 (Wollishofen)

Stadtküche
Der Name tönt zugegebenermassen bieder. Doch in der französischen Version ("Cuisine de ville") bekommt er sogleich den vibrierenden Gourmettouch. Die Stadtküchen sind Institutionen des städtischen Sozialamtes und offerieren die wohl preiswertesten Menüs der Stadt (ab rund 10 sFr.). Stadtküchen sind für jedermann zugänglich und befinden sich u.a. an der Schipfe 16, Dufourstr. 146 (Seefeld), Limmatstr. 186 (Kreis 5).

Dreimal "Das Beste"

Blaue Ente
Mühle Tiefenbrunnen, Seefeldstr. 223, Tel. 01/422 77 06. Sicher, auch eine Küche hat ihre Launen, und in der Blauen Ente, dem ewigen Trendlokal, sind sie ausgeprägter als anderswo. Trotzdem, in aller Regel werden die 100 Franken, die für ein rundum befriedigendes Abendessen auszugeben sind (inkl. Getränke), auch redlich verdient. Die Umgebung der Ente, die futuristische Mühle, steht für das kulinarische Angebot: der Versuch, aktuelle Speisen auf originelle Art zu verfeinern und Stimmungen rechtzeitig zu spüren. Wundert es da, dass zum Hauptklientel der Blauen Ente die stadtbekanntesten Werber der Stadt gehören? Jedenfalls werden Sie hier nur den gut gestylten Menschen treffen, der sich allzu oft mit Champagner eine ungewisse Realität ertränkt. Für Besucher und Gäste ist die Blaue Ente allemal ein sehr guter Tip; allein, weil man nirgends so intensiv spürt, was der ironische Werbespruch "Geldstadt mit Herz" meint. Ganz putzig ist auch die nebenliegende Bar, für Entchenliebhaber ein Muss.

Kronenhalle
Rämistr. 4 (beim Bellevue), Tel. 01/251 02 56. Wer experimentell essen will, ist in der Kronenhalle fehl am Platz - ausser er ist Kunstliebhaber und erfreut sich an den echten Bildern von Miró, Cézanne, Picasso oder Chagall. Doch dafür kann man theoretisch auch ins Kunsthaus gehen. Wenn er dann aber einen der sogenannten und oft belächelten Banausen als Tischpartner hat, der in diesen heiligen Hallen schlicht ein Cordon bleu, ein Züri-Geschnetzeltes oder ein Wiener Schnitzel bestellt, wird er beim heimlichen Probieren dieser bodenständigen Kost feststellen: Hier geschieht das Grandiose dieser Küche. Das Einfache ist das Beste. Die Kronenhalle gehört zu den bevorzugten Plätzen der gut Etablierten der Stadt; völlig unbeschadet, ob sie dem rechten oder linken Spektrum der (politischen/kulturellen) Szene angehören. Besonders lustig wird es am 11.11. oder an der Fasnacht; dann wird das Traditionshaus dekoriert und von Fasnachtsgruppen überschwemmt. Hier verbindet eine wirklich korrekte Küche Geist, Geld und Erbe. Vor und nach dem Essen dann einen Whisky in der bestens sortierten Kronenhalle-Bar. Im Preis übrigens gehört die Kronenhalle auch zur Spitzenklasse. Also bitte nur mit Vaters Kreditkarte bezahlen.

Movie
Bahnhofquai 7, Tel. 01/211 66 77. Obwohl schon 1994 eröffnet, ist das Movie immer noch ein wichtiger In-Treff mit Glamour-Atmosphäre. Und dies, obwohl sich das Zürcher Planet Hollywood in unmittelbarer Nähe befindet. Die meisten Speisen sind dann im Movie auch nach Film-Klassikern benannt. Unsere Favoriten sind das Al Capone Rigatoni mit dem entsprechenden Wein und - als Vervollständigung des flotten Dreiers - der Emanuelle-Nachtisch, der dann zum baldigen Aufbruch ruft. Das Movie hat sich schon kurz nach der Eröffnung zum beliebtesten Treff der Avantgarde der Stadt gemausert; auch nach einigen Jahren ist es immer noch sehr gut besucht. Oder sind die Besucher nur Filmattrappen?

Essen nach Mitternacht

In folgenden Restaurants im Bereich Central-Niederdorf-Bellevue gibt es auch nach Mitternacht zu essen:
Commercio (Mühlebachstr. 2), Spaghetti Factory (Niederdorfstr. 5), Johanniter (Niederdorfstr. 70), McDonald's (Niederdorfstr. 30), Commihalle (Stampfenbachstr. 8), Barrique (Marktgasse 14–17), Mövenpick Plaza (Goethestr. 18, beim Bahnhof Stadelhofen), Zic Zac-Rock-Garden (Marktgasse 14), Helvetia-Bar (Stauffacherquai 1)

Die besten Sommertreffs

Restaurant Bauschänzli
(Stadthausquai 13); zentral und auf einer ehemaligen Befestigungsinsel inmitten der Limmat gelegen.

Restaurant Fischstube
(Zürichhorn); unmittelbar an den Gestaden des Zürichsees.

Zunfthaus am Neumarkt
(Neumarkt 5/7); idyllischer Hinterhof inmitten des Niederdorfs. Trotz des versteckten Eingangs meist gut gefüllt.

Restaurant Neue Waid
(Waidbadstr. 45); der wohl imposanteste Blick auf Zürich entschädigt für die manchmal langen Wartezeiten (mit dem Bus 69 bis Waidbadstr.).

Kaufleuten –

oder das kleine Glück, dabei zu sein

Das erste Mal tut es noch weh. Der Kellner blättert im dicken Buch mit den Bestellungen, schüttelt den Kopf: „Tut mir leid, nichts mehr frei!" Sein Bedauern ist Routine. Der Rückzug aus dem überfüllten Lokal wird zum Spiessrutenlauf, die triumphierenden Blicke der Anwesenden zu Speerspitzen. Das zweite Mal, dasselbe Ritual. Wieder kein Platz frei, wieder im Rückwärtsgang an den Essenden vorbei, wieder die Erkenntnis: „Wer nicht dazugehört, bestraft das Leben." Beim dritten Anlauf hingegen bereits die vage Hoffnung, dass es vielleicht in einer Stunde einen freien Platz gibt. Vorausgesetzt, der gestresste Kellner erkennt einen überhaupt; oder es ist wirklich einer frei. Kaufleuten – oder das kleine Glück dabei zu sein. Hier buhlt nicht das Lokal um den Gast, hier buhlt der Gast um das Lokal. In zu sein, heisst auch Leiden – und sei es nur von einem weissgekleideten Kellner abgewiesen zu werden.

Das Kaufleuten besteht seit 1992. Eine Art real existierendes „Rossini" mit einer real existierenden Veronika Ferres, einem real existierenden Goetz George, einem real existierenden Heiner Lauterbach, die aber hierzulande Silvia Affolter, Siro Barino, Alberto Venzago, Hugo Bigi, Dieter „Yello" Meier oder DJ Bobo heissen. Oder vielleicht sind es auch nur diese Falschspieler, die so tun, als trügen sie einen grossen Namen, die sich selbstbewusst vor den überdimensionierten Spiegeln räkeln, unter den schweren Kronleuchtern über Börsenkurse und Modetrends philosophieren oder einfach ihre eigene Existenz in Armani-Kleidern und Versace-Jeans rechtfertigen. Wer sich hier den Platz erobert hat, hat längst gewonnen. Mein Arbeitskollege Peter Röthlisberger verschlingt jeweils zu mitternächtlicher Stunde ein Stück Kuchen (manchmal auch zwei), um die kleine Sünde 24 Stunden später im Fitness-Studio vergessen zu machen; die schöne Susanna hingegen bestellt keinen Kuchen, Schlanksein ist alles, trotzdem mundet ihr der vom Nachbarn anschliessend am besten. Auch die Neuzürcherin Tina Turner diniert hier in unregelmässigen Abständen, obwohl ihr – wie sie gegenüber einem Magazin erklärte – das Essen nur mässig schmecke. Doch Tina Turner ist wohl alles, nur kein Gourmet.
Gegründet wurde das Restaurant vom Zürcher Gastronomen Freddi Müller, den alle Freddi nennen, der aber nur noch selten hier ist. Wer sich beim

weissgekleideten Kellner als Freund von Freddi ausgibt, hat bereits zu hoch gepokert. Alle sind Freunde von Freddi. Der Kellner wird weiter bedauernd den Kopf schütteln und auf das vollbesetzte Haus zeigen. Besser hingegen ist es mit der Einladungskarte von Max Zuber zu winken. Max Zuber ist der hauseigene Speisekartenmaler, eine schillernde Persönlichkeit, den alle Max nennen. Eigentlich kommt Max aus dem Thurgauischen, doch seine künstlerische Berufung soll er in Paris gefunden haben. Einmal jährlich - kurz vor Weihnachten - veranstaltet der Maler eine Vernissage in seinem Dachatelier. Das Ereignis schlechthin. „Wer hier dabei ist", sagt Peter Röthlisberger, „hat es endgültig geschafft". Eine Kunstvernissage als Vorstufe zum freien Zugang ins Kaufleuten, der Freipass ins Paradies? Wer sich mit einem Glas Champagner in der Hand unter den tiefen Dachbalken hindurch und an den grell leuchtenden Bildern vorbei zwängt, spürt jenes tiefe Gefühl von Dankbarkeit, zum Glück auch dieses Jahr eingeladen worden zu sein. Man saugt sich voll von Farben und Strichen, eine visuelle Orgie schlechthin. Anschliessend wechselt man hinüber zum Kaufleuten, um über Kunst, Kunst und nochmals Kunst zu diskutieren. Ein Hochgenuss! Seit der letzten Vernissage mag ich die Bilder von Max mehr als die von Picasso. Ich habe es dem Künstler beim zufälligen Zusammentreffen auf dem Weg zur unterirdischen Toilette gesagt.

Der eigentliche Höhepunkt des Kaufleutens war das fünfjährige Jubiläum im Sommer 1997. Freddi zeigte sich grosszügig. All die treuen Gäste wurden zu einem grandiosen Dinner eingeladen - kostenlos natürlich. Die Strassen rund um das Lokal waren für eine gute halbe Stunde gesperrt. Dekolletees und IWC-Uhren drängelten sich in das Kaufleuten, Armani und Versace duellierten unter den Kronleuchtern. Lange Beine und kurze Röcke als Gegensatz. Kostenpunkt: mehrere hunderttausend Franken. Ich hingegen war abwesend. Ein Weekend in Valledemossa - welch blöde Idee. Niemand konnte es verstehen. „Wenn das Kaufleuten feiert, bist Du auf Mallorca", sagt Peter Röthlisberger. Wie Recht er doch hat, welch Schwachsinn einfach wegzufliegen. Und trotzdem war ich froh in Valledemossa gewesen zu sein, eine Ausrede für mein Nichterscheinen zu haben. Für das Jubiläumsfest hatte ich keine Einladung bekommen.

Szene - Kneipen und Bars

Central - Bellevue - Niederdorf – Oberdorf

(Im folgenden Text finden Sie einige Formulierungen, die wortwörtlich auch in einem anderen, „aktuellen" Reiseführer von 1998 stehen. Um sich dem Vorwurf des Plagiats zu widersetzen, weisen wir daraufhin, dass diese Bewertungen aus der ersten und zweiten Auflage des vorliegenden Reiseführers „Zürich-Handbuch", Unterwegs Verlag (1990/1994), stammen, von uns recherchiert wurden und unseres Erachtens auch heute noch richtig sind).

Aelpli-Bar

Hier ist die Welt und die Schweiz noch in Ordnung: urige Volksmusik in Alphüttenambiente. Meist fröhliche Stimmung und volles Haus. Vision einer Schweiz in 30 Jahren, welche immer noch nicht der EU beigetreten ist. Adresse: Ankengasse 5.

BaBaLu

Der Klassiker im Niederdorf; nicht nur des Namens wegen. Den ganzen Tag über Feierabendstimmung bei mexikanischem Gebäck und weissem Tequila. Adresse: Schmidgasse 8.

Bierhalle Wolf

Hier findet allabendlich die deutsche Vereinigung statt: Deutsche und österreichische Gruppen spielen ihr „Sierra madre" um die Wette. Um 21 Uhr steht man auf den Bänken. Meist gute Stimmung – oder um es in der Sprache des Autors zu sagen: „Die ganze Welt ist Ballermann". Adresse: Limmatquai 132.

Bodega Espanola

Der Hit von damals, heute noch "in". Ein ewiger Evergreen der Ausgeflippten, Ratsuchenden, Nachdenklichen und Spaniophilen. La Gomera in Zürich, super! Adresse: Münstergasse 15.

Café Odeon

Ein Muss. Den Namen "Grand Café Odeon" trägt das Lokal nicht mehr, seit es 1972 um die Hälfte verkleinert wurde, um einer Modeboutique (bald einer Apotheke) Platz zu machen. Die grossen Spiegel an der Wand sollen noch heute die Illusion seiner einstigen Grösse erzeugen. Das Odeon ist ein Teil der Zürcher Geschichte.

ZÜRICH mit Plan

Unterschiedliche Charaktere wie Albert Einstein und Benito Mussolini, Thomas Mann und Leo Trotzki, James Joyce und Lenin haben dort verkehrt. 1958 war es sogar Mittelpunkt eines gleichnamigen Schweizer Spielfilms. Das Odeon gab den Zürchern den Glauben, eine Weltstadt zu sein - oder nahm ihnen die Zweifel, keine zu sein. Die gemütlichen Nischen, das stilvolle Interieur und das eigenartige Licht laden noch heute zu einem Besuch in dieses Kaffeehaus am Bellevueplatz ein. Viele Schwule. Adresse: Limmatquai c/ Bellevue- (platz.)

Café Raben
Das Café Raben gilt als "Schickimicki-Coci"-Treffpunkt (BONUS 24). Warum, weiss aber niemand: braver als das Odeon, heller als das (ehemalige) Select, kleiner als das Schober. Angenehmes Ambiente, bürgerliches Café. Adresse: Schifflände 5.

Café Regenbogen
Ist "in", die Musik ist laut, die Zeitungen sind ungeordnet, und an der Wand hängen Filmplakate. Trotzdem oder gerade deswegen lohnt sich ein Besuch. Adresse: Rosengasse 6.

Café Schober
Weltberühmtes Café an der Napfgasse. Man sitzt auf drei verschiedenen Etagen und staunt. Geschmackvoll eingerichtet. Hier verbringen die Frauen der Bankdirektoren einen Teil ihres Lebens. Der Cappuccino dürfte der beste der Welt sein. Adresse: Napfgasse 4.

Casa-Bar
Verleiht Zürich einen Hauch von New Orleans. Jeden Abend gute Jazzmusik mit bekannten und weniger bekannten Interpreten. Adresse: Münstergasse 30.

Des Arts
Was stört, sind die manchmal saftigen Preise. Was gefällt, ist die klassische Einrichtung. Hat den Sprung in die Tops der Zürcher Barszene noch nicht geschafft. Warme Küche bis spät in die Nacht. Adresse: Oberdorfstr. 2.

Käpten Jo´s Haifischbar
Der Name setzt die männliche Landbevölkerung noch heute in einen Zustand leichter Erregung. Käpten Jo, unter anderen, hat das Niederdorf seinen Ruf als sündige Meile zu verdanken. An der Decke hängen präparierte Fische, Luken und Schiffsglocken. Die

Stripteasetänzerinnen werden mit hell vibrierender Stimme mehrsprachig angesagt. Harmlos, aber sehenswert. Adresse: Mühlegasse 3.

Kronenhalle Bar

Schon mal unter einem echten Picasso oder Miro ein Cupli getrunken? In der Kronenhalle Bar ist das möglich. Viele alleinstehende Frauen, die warten, dazu eingeladen zu werden. Der Barmixer Peter Roth wurde verschiedentlich Cocktailweltmeister (Weltmeistergetränk: "Ladykiller"). Wenn man Glück hat, schaut noch Udo Jürgens rein. Ehemaliges Stammlokal von Friedrich Dürrenmatt und Frederico Fellini. Adresse: Rämistr. 4.

Le Philosophe

Schmal, aber nicht minder originell. Der Name soll französischen Touch vermitteln, gesprochen wird aber breites "Züri-Dütsch". Klassisches Jugendstil-Interieur. Im Sommer auch draussen gestuhlt. Adresse: Nägelihof 3.

Limmatbar

Es steht zwar "Members only" an der Tür, aber in diesen Treff kommt mittlerweile jedermann rein, wenn die etwas unauffällige Tür einmal gefunden ist. War eines der besten Treff-Lokale der Stadt; heute weniger Besucher. Warum nur, warum? Adresse: Limmatquai 82.

Malatesta

Angeblich älteste Bar im Niederdorf - und dies will einiges heissen. Die Luft ist rauchverhangen, trotzdem Nostalgie pur. Keine Banker, dafür viele Künstler und Schreiberlinge. Doch vielleicht ist es damit schon bald vorbei: es wird munter renoviert. Adresse: Niederdorfstr. 15.

Oepfelchammer

Zürichs gemütlichstes Lokal. Bereits Gottfried „Göpf" Keller, der grosse Schriftsteller, hat dies gewusst. Fern dem hektischen Treiben frönt man am besten bei einem Glas Rotwein. Wer sich in der urgemütlichen Gottfried-Keller-Stube zwischen den Deckenbalken durchschwingen kann, wird mit einem Glas Wein und einem kräftigen Beifall honoriert. Adresse: Rindermarkt 12.

Olga-Bar

Angenehmer Treffpunkt jenseits von Schickimicki und Yuppie-Gehabe. Typische Niederdorf-Bar mit normalen Zürchern, die ausnahmsweise einmal nicht in einer Bank arbeiten. An der Musikbox

drückte man noch vor einiger Zeit Freddy Quinn. Seit diese jedoch verschwunden ist, singt man „La paloma" gleich selber. Adresse: Oberdorfstr. 13.

Oliver Twist Pub
Man gibt sich englisch: englisches Bier, englisches Fernsehen, und man spielt Dart. Adresse: Rindermarkt 6.

Piano-Bar Champagnertreff
Die Bar des gediegenen Central Plaza Hotels am Centralplatz (vier Sterne) wird ihrem Namen voll gerecht: Die Gäste teilen sich in zwei Kategorien auf: Diejenigen, die vom Flughafen kommen, und diejenigen, die zum Flughafen gehen. Meist gute bis exzellente Pianistin, die leider zu wenig beachtet wird. Adresse: Central 1.

Pigalle-Bar
Ein an sich dunkles Kellerloch. Das Mosaik eines unbekannten Künstlers (soll den Pigallebezirk in Paris darstellen) wird nie ins Kunsthaus kommen, ist aber trotzdem einen Besuch wert. Sie ist wohl die kleinste Bar Zürichs. Adresse: Marktgasse 14.

Restaurant Pfauen-Schauspielhaus
Man trifft sich vor oder nach den Theatervorstellungen noch schnell im Pfauen-Restaurant. Die Akteure stehen meist (gut sichtbar) an der Bar und nippen ein Bier. Zuvorkommende Bedienung. Das Restaurant gehört zur Mövenpickgruppe. Adresse: Zeltweg 1.

Safari-Bar
Nachtlokal mit literarischen Weihen. "Die Safari-Bar ist nicht typisch für die Stadt. In Hamburg auf dem Kiez gibt es hunderte solcher Kneipen. In Zürich war sie exotisch wie ihr Name" (Mathias Nolte, "Grosskotz"). Wer mag da widersprechen? Heute: Viel Art déco und noch mehr junges Publikum. Adresse: Zähringerplatz 29.

Splendid Bar
Eines der bekanntesten Lokale des Niederdorfs. Livemusik auf ansehnlichem Niveau. Schöne Bedienung. Adresse: Rosengasse 5.

Terrasse
Das Terrasse nennt sich Bar, Restaurant und Music-Hall. Dies mag alles wahr sein, doch nirgendwo in Zürich fallen die Hüllen so elegant wie hier; sagen jedenfalls die Kenner. Weltmännisches/frauli-

ches Stripteaselokal, das den Vergleich mit dem Pariser Moulin Rouge (fast) nicht scheuen muss. Liebhaber kitschiger Innendekorationen fühlen sich im Terrasse wohl. Gelegentlich auch Discoveranstaltungen. Adresse: Limmatquai 3.

Velvet-Bar
Die Fete zur Eröffnung der Velvet-Bar im Frühjahr 1995 gilt als eine der legendärsten Parties dieses Jahrzehnts. Und diesem Ruf ist das Lokal aller up and downs zum Trotz treu geblieben. Aus dem dunklen Kellerloch ist ein eigenwilliges Lokal mit spezieller Ambiente entstanden. Das höchste aller Komplimente: das Velvet könnte auch in Madrid sein. Im Sommer sitzt man draussen und trinkt Margaritas. Adresse: Schneggengasse 8 (Nähe Rathaus).

Vinothek Barrique
Es gibt kein Bier auf Hawaii und keines im Barrique. Der Grund: das Barrique ist die klassische Weinkneipe schlechthin. Das Weinrepertoire umfasst ca. 500 Sorten. Gutes Publikum; der Autor lernte hier am Abend des 21. Mai 1996 seine Freundin kennen. Adresse: Marktgasse 14 – 17.

Vorderer Sternen
Berühmteste Würstlibar der Welt in unmittelbarer Nähe zum Bellevue. Abends beliebter Treffpunkt der Nachtvögel, Künstler und Normalen. Spezialität: Servelats und Bier. Geöffnet von 11 – 24 Uhr. Adresse: Theaterstr. 22.

Wüste
Bar, in der man leicht Kontakt knüpft kann. Zelebrierung des mediterranen Lebens. Laute Musik und rund um die Uhr Nachtschwärmer. Adresse: Oberdorfstr. 7.

Wystube Isebähnli
Gemütliche und rustikale Weinstube inmitten des Niederdorfes. Warum der Name "Isebähnli" (auf deutsch: Eisenbahn), weiss wohl niemand so recht: vielleicht, weil soviel Rauch herausgelassen wird. Adresse: Froschaugasse 26.

Züri-Bar
Das verrauchte, lautstarke Ambiente passt eigentlich nicht zum sauberen Zürich. Bis man merkt, dass dies bewusst kultiviert wird. Adresse: Niederdorfstr. 24.

Bahnhofstrasse - Schipfe - Altstadt und angrenzende Gebiete

Blue Note

Der Name als Programm: Blue Note steht für jazzige Klänge, Champagnercupli, Sushi und die Livestylegeneration der neunziger. Zürichs schönstes Licht... Adresse: Stockerstr. 45 (Nähe Paradeplatz).

Café Sprüngli

Die Frage, was bekannter ist, der Paradeplatz oder das dort befindliche Café Sprüngli, ist genau so müssig wie der Streit um die Entstehungsgeschichte von Ei und Huhn. Das Familienunternehmen thront seit rund 150 Jahren über der teuersten Strasse der Welt. Typische Kaffeehausatmosphäre. Die Legende, wonach hier schöne Jünglinge ältere Damen treffen, hat sich trotz intensiver Recherche nicht bestätigt. Aber vielleicht sind wir zuwenig schön. Als Zwischenverpflegung empfiehlt sich aus der darunter gelegenen Confiserie die Makarönlisorte "Luxemburgerli", die schönste Visitenkarte des real existierenden Kapitalismus. Adresse: Beim Paradeplatz.

Café Wühre

Dieses Café hat den schönsten Ausblick auf Zürichs Wahrzeichen, das Grossmünster, und den Limmatquai. Direkt am trägen Fluss lässt sich bestens über die Vergänglichkeit des irdischen Seins diskutieren. Adresse: Wühre 11.

Da Capo

Ein Geheimtip inmitten des grossen Hauptbahnhofes im Stil der Jahrhundertwende. Die launige Galerie über dem Buffet eignet sich bestens für einen Zwischenhalt (2 Minuten von den Gleisen entfernt). Aufmerksame Bedienung. Adresse: Hauptbahnhof, Bahnhofplatz 15.

Helvetia Bar (Helvti Bar)

Mutter Helvetia mit Augenweide und Tradition: Das Lokal hat eine der ältesten Stehbars der Stadt. Vorwiegend jüngeres Publikum und laute Musik. Viele Journalisten vom benachbarten TagesAnzeiger. Im oberen Stockwerk gutes und warmes Essen. Meist gut gefüllt. Adresse: Stauffacherquai 1.

ZÜRICH mit Plan

James Joyce Pub
Man trifft sich nach Arbeitsschluss noch zu einem Whisky im altenglisch eingerichteten James Joyce Pub. Vor allem Bankiers und Chefsekretärinnen der nahen Bahnhofstrasse. Die Bartheke stammt aus dem durch James Joyce weltbekannten Dubliner "Jury´s Hotel". Eine gelungene Hommage an den in Zürich verstorbenen Schriftsteller. Wo gibt´s das schon? Adresse: Pelikanstr. 8.

Jules Verne Panoramabar
Abgehoben von der Stadt, unterhalb der Sternwarte. Blick über die Dächer Zürichs und den See. Eignet sich für das erste Rendezvous; die nächtlichen Lichter der Stadt stimmen versöhnlich. Adresse: Uraniastrasse 9 (Eingang: Brasserie Lipp).

Kaiser´s Reblaube
Hier verkehrte die High Society von einst: Goethe und Herzog Karl August von Weimar besuchten hier 1779 ihren Freund Johann Caspar Lavater. Gemütliche, alt-zürcherische Weinstube mit historischen Darstellungen an der Wand. Gepflegte Landweine. Die Reblaube gilt heute als eines der besten Gourmet-Lokale der Stadt; hier diniert öfters auch der Zürcher Bundesrat Moritz Leuenberger. Ein Kaiser hat hier allerdings nie verkehrt - die Reblaube trägt den Namen des Besitzers. Adresse: Glockengasse 7.

Kaufleuten-Bar
Der Abklatsch vom Kaufleuten ist die Kaufleuten-Bar. Zuweilen arrogante Bedienung, trotzdem immer volles Haus mit schwarz gekleideten Beaus und Beauties. Plüschig eingerichtet. Das Beste sind die internationalen Zeitungen, die aber niemand liest. Die Bar eignet sich als Warteschlaufe vor dem Kaufleutenessen. Adresse: Pelikanstr. 18.

Old-Fashion-Bar
Chefsekretärinnen und Broker diskutieren hier über Jelzins Herz und Clintons Genitalien. Alles angenehm untermalt von einem Livepianisten. Geschmackvoll eingerichtet: Good old England. Von Zeit zu Zeit Jazz-Matineen. Adresse: Fraumünsterstr. 15.

Savoy Bar en ville
Liegt direkt über den sagenhaften Banktresoren der Bahnhofstrasse. Klassische Bar in einem der klassischsten Hotels der Stadt. Viele Banker und Geschäftsleute, welche die attraktiven Frauen vom Zürichberg geniessen. Beliebter Treff zur „Blauen

Insider-Treffs

Stunde". Pianoklänge ab 18.00 Uhr. Jeans unerwünscht. Ein Novum: der Eintritt in die blitzeblanke Toilette kostet einen währschaften Schweizer Franken. Adresse: Am Paradeplatz.

Sihlporte

Neu eröffnetes In-Lokal in kühlem Design. Treff der aufstrebenden Yuppie-Generation, am Wochenende öfters Tanz und Konzerte. Unter der gläsernen Kuppel wird gutes Essen serviert; gelegentlich trifft man Sportreporter Marcel Reif mit seiner Freundin beim Dinner. Konzeptor Eric Blass ist ein besonderer Coup gelungen! Adresse: An der Sihlporte (Nähe Kaufleuten).

Strozzy´s

New York in Zürich. Das Strozzy´s vermittelt jene Leichtigkeit des Seins, die In-Lokale auszeichnen. Zum Essen gibt es schmackhafte Sandwiches, aber das ist bei all diesen schönen Menschen zweitrangig. Viele Anwälte aus den benachbarten Kanzleien nehmen hier den schnellen Snack, viele Models träumen vom schnellen Aufstieg. Im Sommer schöner Innenhof. Adresse: Fraumünsterstr. 21 (hinter dem Stadthaus).

Sushi-Bar

Hier dreht sich alles um Sushi. Auf einem Rollband fahren alle Sorten der Edelspeise an den Gästen vorbei. Einfach zugreifen und geniessen. Ein bisschen dekadent, zugleich aber auch grossstädtisch! Adresse: Bleicherweg 19 (Nähe Paradeplatz).

Teehaus No

Für Tee-Fetischisten: Das sympathische Restaurant in der Nähe des Rennwegs offeriert über 60(!) verschiedene Sorten dieses Getränks. Grosszügig eingerichtet. Eignet sich bestens für eine kleinere Verpflegung oder zum erstmaligen Ausfahren einer neuen Bekanntschaft. Adresse: Kuttelgasse 7.

Transit

In dieser Bar ist niemals Tag. Der Grund: Sie liegt in den Gruften des futuristischen Hauptbahnhofs. Erlesene und exklusive Weine, hervorragender Champagner. Durchaus empfehlenswert für Menschen, die der Hektik des Tages nicht abgeneigt sind. Adresse: Hauptbahnhof, neues Shop-Ville.

ZÜRICH mit Plan

Balance-Happening von Veli Gran
am Ufer des Zürisees

Das Mascotte im neuen Styling

Insider-Treffs

Widder-Bar

Mit einer dicken Havanna und einem noch dickeren Portemonnaie ist man hier sicher nicht fehl am Platz. Die Edelbar im Edelhotel Widder zählt seit dem improvisierten Pianoauftritt von Cindy Crawfort zu den Prunkstücken der Stadt. Interessante und gutsituierte Gäste, der Kellner holt mit einer eigens konstruierten Leiter die auserwählten Getränke vom Gestell hinunter, eine akrobatische Leistung! Jeweils am Dienstagabend erstklassige Jazzkonzerte mit unzähligen Musikerlegenden. Organisiert wird das Ganze vom bekannten Szenenintimus Hannes „Halli" Vogel. Das aktuelle Programm ist über Tel. 01/224 29 88, Internet: zu erfragen. Adresse: Widdergasse 6.

2. Akt

Der Name jedenfalls ist aussergewöhnlich. In-Lokal mit Jugendstilelementen und 35 (!) verschiedenen Bieren - eurokompatibel in jeder Beziehung. Abwechslungsreiches Musikprogramm mit verschiedenen Djs. Täglich geöffnet bis 2 Uhr. Adresse: Selnaustr. 2. Mittlerweile hat der Besitzer schon den 4. Akt auf dem Programm (Heinrichstr. 262 , gegenüber dem Kino Cinemax).

Kreis 4 und Kreis 5

Lugano-Bar

Der Klassiker an der Langstrasse. Viele Originale, aber auch Prostituierte und Abzocker. Ein Leben wie im Film. Adresse: Langstr. 108.

M.A.R.I.A

Ein Spässchen in Ehren: nennt sich Maria-Bar und befindet sich im In-Restaurant J.O.S.E.F. Treffpunkt jener Schickeria, denen der Weg ins Kaufleuten zu weit – oder schlicht zu blöd ist. Die lange Theke lädt ein zum Verweilen und Beobachten. Gutes Publikum, meist voll. Adresse: Gasometerstr. 24.

Olé-Olé-Bar

Nicht nur wegen ihres Namens ist die Olé-Olé-Bar bekannt. Das in der Langstrasse gelegene Lokal bildet einen wohltuenden Kontrast zu den Schickimicki-Schuppen des Niederdorfs. Gemütlich eingerichtet. Typische Bar in einem Unterhaltungs- und Vergnügungsviertel. Adresse: Langstr. 138.

RiffRaff-Bar

Neuster Treff der Kinogänger! Zwischen den beiden Sälen des Alternativkinos RiffRaff befindet sich diese Bar, die eine „Mischung aus italienischer Kaffeebar und edlem Schiffsbug" (Züritip) darstellt. Meist interessante Leute, die aber nicht nur über Filme sprechen. Wein, Tapas, Toast und Turbinenbräu-Bier. Adresse: Langstr./Neugasse (Nähe Limmatplatz).

Valentin-Stüberl

Das Türschild ist Programm: 80 qm Freistaat Bayern. Oktoberfest rund um die Uhr – mit dem gewaltigen Vorteil, dass man Lothar Matthäus nie leibhaftig begegnen muss. Adresse: Gasometerstr. 36.

Seefeld

Bistro

Klassischer Journalistentreff der benachbarten Pressehäuser (Ringier, NZZ). Erhebt einen weltmännischen Anspruch, den es mit dem Marmor- und Glasinterieur und einer schillernden Dekoration in kompromisslosen Grüntönen teilweise erfüllt. Bereits in den Nachmittagsstunden ist die Stimmung ausgelassen. Adresse: Dufourstrasse 35.

Blaue Ente

Die Bar neben dem Restaurant (siehe auch Kapitel "Essen" und "Mühle Tiefenbrunnen"). Stilvoll eingerichtet, mit reichen Leuten und solchen, die es noch werden. Typisch achtziger Jahre. Zuweilen trinkt hier auch Fernsehekel und Werber Frank Baumann seinen Espresso. Im Sommer sitzt man draussen und geniesst das stilvolle Ambiente. Adresse: Mühle Tiefenbrunnen, Seefeldstr. 223.

Eden Bar

Liegt im Hotel Eden au lac. Beliebter Treff von Prominenten aller Schattierungen (v.a. Popstars, die in Zürich absteigen). Gediegene und stilvolle Atmosphäre in unmittelbarer Nähe zum See. Viel Platz für die Zeitlosen, die unendlich viel Zeit haben. Adresse: Utoquai 45.

Harry´s

Der Treff zum Abstürzen mit jener sanften Melancholie, die guten Bars eigen sind. Filmregisseur Salimbeni und Produzent Wicki diskutieren hier jeweils über gemeinsame Projekte in Hollywood. Die blonde Bedienung Viviane aus der Ostschweiz lebt im Dauerkampf mit den heissen Männerblicken, und über allem schwebt jener gute

Geist, der sich Gin Tonic nennt. „Cooles Interieur", das aber zur Nebensache wird. Adresse: Dufourstr. 24.

Iroquois
Bezeichnet sich selbst als der Treff der „Stadtindianer", was nicht falsch ist. Häuptling Silberpfeil lacht einem vom Eingang entgegen. Historische Frage: Ist schon im Wilden Westen soviel Alkohol geflossen? Hough! Adresse: Seefeldstr. 120.

Seefeld Bar
Klein und trotzdem sehr kommunikativ. Viele Schickerialeute aus dem Schickeriaquartier Seefeld. An der Wand hängt eines der kitschigsten Elvis-Bilder überhaupt. Im Zeitungssortiment auch die Berner Zeitung. Warum wohl? Im Sommer sitzt man draussen. Adresse: Seefeldstrasse 188.

Zürichberg

Dolder Bar
Hoch über der Stadt im weltberühmten Dolder Grand Hotel. Der buchstäbliche Treff der oberen 10 000. Oftmals berühmte Gesichter aus Film und Politik. Fellini und Thomas Mann gehörten zu den Gästen. Grosse Auswahl an Alkoholika. Gepflegte Kleidung ist erwünscht. Adresse: Kurhausstrasse 65.

Ausserhalb der City

Zic Zac
Ein origineller Name, der ein Teil des Erfolgs ist. Obwohl ausserhalb der eigentlichen Szene (stadtauswärts, Richtung Basel) der Aufsteiger des Jahres. Gute Stimmung, am Wochenende jeweils überquellend, hervorragendes Frühstück. Jeweils bis 2 Uhr geöffnet. Starke Rockmusik von drei verschiedenen DJs. Viele Fussballfans vom benachbarten Letzigrund-Stadion. Adresse: Herdernstr. 56.

Ziegel au lac
Eine Anspielung auf die reichen Hotels dieser Stadt (Baur au lac, Eden au lac) und trotzdem ganz anders. Liegt inmitten der Roten Fabrik, dem Alternativtreff Zürichs (siehe separates Kapitel). Ein Produkt der legendären Achtzigerunruhen. Am Di. jeweils Live-

Planet Hollywood: Ausgeh-Spaß nicht nur für Liebhaber der amerikanischen Kost

Stilvoll: Adagio

Musik (ausser im Sommer) mit interessanten Szenebands. Viele Diskussionen zu gesellschaftskritischen Fragen. Adresse: Rote Fabrik, Seestrasse 407.

Discos und Tanzschuppen

Zürichs Nachtleben besteht nicht nur aus Technoklängen und Housemusik. Mag es noch so laut hämmern, längst ist auch wieder Schmusekurs angesagt. Im folgenden listen wir einige Clubs auf, die auch die goldenen siebziger und achtziger Jahre aufleben lassen.

Mascotte
Corsohaus-Haus, Theaterstr. 10, Tram bis 2,4,15 u.a. bis Bellevue. Bekanntester Nachtclub Zürichs und seit Ewigkeiten mit dem Ruf behangen, nicht mehr „in" zu sein. Zu Unrecht: das Mascotte wurde unlängst aufwendig renoviert und ist mit seinen Skulpturen und Plastiken zur Kunstwelt geworden. Gaudi lässt grüssen! Hausmotto: „Save your dreams!" Abwechslungsreiches Programm: Montags „Asian-Night", dienstags 70er- und 80er-Jahre-Musik, mittwochs „Together-Night" und sonntags ist der Club Hey zu Gast (Gay-Nights). Täglich bis 4.00 Uhr geöffnet. Und mit ein bisschen Glück sieht man den Mitbesitzer des Lokals in den überdimensionierten Sesseln grossen Zeiten und schönen Mädchen nachtrauern: Udo Jürgens wohnt zwei Stockwerke über dem Lokal.

SixtyOne
Mythenquai 61, Bus Nr. 161/165 bis Landiwiese. Kann man soviel Schönheit ertragen? Sauberes, gepflegtes Seerestaurant mit Bar und Club am Ufer des ewig blauen Zürichsees. Am Wochenende viel Partystimmung. Zürichs Chefkupplerin, TeleZüri-Moderatorin Patricia Boser ist Samstagabend jeweils mit ihren Single-Kandidaten hier. Ob es funkt? Im oberen Stock klassische Cocktailbar mit weiter Sommerterrasse. Wunderbarer Blick auf die Stadt. Hier wird Zürich zu Capetown. Das Lokal wird, wie auch das Mascotte und das Adagio, von der Freddy-Burger-Management-Group betrieben.

KUKUK
Weinbergstr. 68b, Tram 7, 15 bis Sonnegstr. Altersklasse klar: „Für Leute ab 30". Witziger Klub in einem ehemaligem Pelzgeschäft. Am Wochenende Oldies-Parties unter dem Motto Tanzen/Trinken/Schwofen. Dazwischen Italodisco und Journalistenabende. Initiant Robert Winston hängt selber die Mäntel auf. Wem´s zu laut wird: im Nebenzimmer steht ein Billardtisch.

Diagonal
im Nobelhotel Baur au lac, Glärnischstr. 10, Tam 2, 5, 8, 9, 11 bis Bürkliplatz. Unmissverständliches Türschild „Members only". Edelclub für schöne und reiche Leute. Zürichs Börsenhengste trinken hier ihren Martini. Der Quantensprung schlechthin; die achtziger sind wieder da! Alles stilecht wie damals, stoffige Sofas, runde Tischchen und keine Rezession. Ronald Reagan war noch Präsident...und der DJ legt noch Schallplatten auf. Nur die Glitzerkugel fehlt. Bei soviel Nostalgie vergisst man beinahe die blonden Frauen.

Adagio
Kongresshaus, Gotthardstr. 5, Tram 2, 5, 8, 9, 11 bis Bürkliplatz. Was ist Kitsch, was ist Kunst? Obligate Sinnfrage im Adagio. Das Lokal zelebriert „Liebe, Lust und Leidenschaft" (Werbetext). So viele L´s machen schwindlig. Aus einer kommunen Disco wurde ein mittelalterliches Palazzo. Klassische Musik, Säulengänge, Liebesbrunnen – ein Disneyland der Gefühle. Eignet sich für den romantischen Erstangriff. Und wenn´s noch nicht klappt, versucht man es mit der Geige... Diese sind nämlich aus Praliné.

Roxy
Beatengasse 11, Nähe Hauptbahnhof. Das einzige Haus, das es sich schon früh leisten konnte, eine wirklich expansive Gesichtskontrolle zu machen (obwohl manche anderen Clubs/Häuser dies auch schon praktizierten). Doch seit das Kaufleuten floriert, ist dieses Monopol vorbei. Tant pis - das Roxy ist auch heute noch einen Besuch wert. Mit selbstbewusstem Auftreten gelingt meist der Zugang, und dann erwartet einen eine einfach eingerichtete Disco mit einem wunderbaren Publikum. Schön und gar nicht so blöd, das ist als Kompliment gedacht. Alle Besucher sind durchgängig schön; wie sie dies schaffen, wo man doch im Alltag nur ein Bruchteil Vogue-Qualität erreicht, bleibt ein Rätsel.

ZÜRICH mit Plan

Petit Prince
Bleicherweg 21 (Nähe Paradeplatz), Tram 6, 7 u.a. bis Stockerstr. Ein zeitloses Lokal, das sich - schwuppdiwupp - vom Café (tagsüber) in ein gepflegtes Dancing (verzaubert). Roberto Blanco war schon hier, aber auch der Damenturnverein Hörhausen.

La Nave
Stadthausquai 13. Tram 4, 15 bis Helmhaus. Ob es an der erstklassigen Lage liegt? Das „Boot" schlängelt sich immer noch durch Zürichs Nachtleben. Auserlesenes Dekor, Musik okay. Pizzas (fast) die ganze Nacht.

Dancings beim Flughafen

AlpenRock House
Zürich-Airport. Schweiz pur – inmitten des Flughafengeländes. Perfekt imitierte Alphüttenszenerie mit Alpenkulisse, Alphornbläsern und Alpenschnaps. Und selbst die Bedienung in traditioneller Alpenkleidung. Zürichs Ausgehhit: über 20 000 Gäste pro Monat – der Zürcher Ballermann. Und ein Teil des Eintritts geht – wen wundert´s – an eine Alpenorganisation („Save the mountains"). Zum Dinner: Älplermagronen, Apfelmus und Alpöhis Salatschüssle... Wenn das Heidi wüsste.
Internet: www.alpenrock-house.com

El Presidente
Zürich-Airport. Unmittelbar neben dem AlpenRock House die andere Welt: geschniegelte Menschen und spanische Klänge. Warten in kaputt-melancholischen Kunstambiente auf El Presidente? Ob er noch kommt? Währenddem: An der kleinen Bar gibt es die besten Tapas überhaupt.

Legal und „illegal" – Hauptsache Partylokal

Nein, illegal sind sie längst nicht mehr. Trotzdem haftet ihnen immer noch der Hauch des Verbotenen an: Zürichs beste Clubhäuser haben mittlerweile Weltruf (ob sie aber wirklich in Afrika bekannt sind, weiss der Autor nicht). Jedenfalls: unbemerkt vom Ausland hat sich die Szene an die europäische Spitze katapultiert, die Lust am Tanzen und Ausgehen feiert Hochkonjunktur. In trostlosen Kellern oder ausrangierten Fabriken treffen sich jedes Wochenende „Süchtige" und feiern das, was in Zürich längst einen magischen Beigeschmack hat: Partys. Apropos Illegalität: früher wurde zwischen illegalen und legalen Parties unterschieden. Die Illegalen wurden noch vor wenigen Jahren ohne polizeiliche Bewilligung und grosse Werbung abgehalten. Doch jetzt sind auch die Gesetze liberaler geworden, das Adjektiv „illegal" hat mittlerweile einen magischen Beigeschmack. Die besten Szenetips erhält man aber immer noch auf sogenannten Flyers, d.h. originell gestalteten Handzetteln, die an einschlägigen Orten auslegen. Die beiden Szenekenner Caroline Riester und Jürg Leimbacher haben für Sie die besten Zürcher Clubs aufgelistet.

Don-Quijote-Club
Limmatstr. 275. Zürichs neuster In-Treff: ein ehemaliges Weinlager verwandelt sich in einen Spitzenclub erster Güte. Geöffnet Fr. und Sa. (22.00 bis 4.30 Uhr). Breites Musikspektrum von Disco Espanol über Soul bis zu 70er-Jahre-Disco und Vocal-House. Die benachbarte Bar mit andalusischen Speisespezialitäten ist die ganze Woche geöffnet (Mo.–Fr. 17.00-2.30 Uhr, Sa. 17.00-4.30 Uhr).

El Cubanito
Bleicherweg 5 (Nähe Paradeplatz), Tram 6, 7, 8, 13 bis Paradeplatz. Zeitenwechsel: Aus dem ehemaligen Börsensaal wurde Zürichs farbigster Club. Einzigartiger Kulturmix mit südamerikanischem Groove. Der Börsenring wurde zur Rundbar, von der offenen Galerie Sicht auf den Saal und das pulsierende Leben. Geöffnet Do. (22.00 –03.00 Uhr), Fr. und Sa. (jeweils 22.00-04.00 Uhr). Programm: Do. v.a. Cuba´s Fever (70er bis 90er Jahre-Disco); Fr.: Tropicalismo: Ritmos Latinos; Sa.: Culture Mix, u.a. Reggae, R&B, Soul, Funk, Latin-House. Informationen: 01/221 16 86, 01/221 15 15, Internet: www.cubanito.ch

ZÜRICH mit Plan

Garage
Geroldstr. 17 (Kreis 5). Tram 4, 13 bis Escher-Wyss-Platz, S-Bahn ab Hauptbahnhof bis Hardbrücke. Der Underground-Szenetreff überhaupt. „Originales und echtes" Clubfeeling. Bekannte Schweizer DJs wie Heinz, Laurent, Mike Levan, Urs D., DV8. Sehr beliebte Special-Parties mit Open Air Area im Sommer. Treffpunkt für anschliessende After Hours. Geöffnet: Sa. (ab 23.30 Uhr open end). Musikstil: v. a. House.

Gothic
Seestr. 367 (Wollishofen), Tram 7 bis Post Wollishofen. Wichtiger Club mit einmaligem Hinterhof-Ambiente entstanden aus der „illegalen" Szene. Ausrangierte Kinosessel stehen in der Chill-out-Zone, spezielles Ambiente von grungig bis modern. Regelmässig treten die besten Schweizer House-DJs auf. Geöffnet: Do. 22.00 bis 02.00 Uhr, Fr. und Sa. 22.00 bis 04.00 Uhr. Musikstil: House, House und nochmals House. Samstags auch Drum´n´Bass und Disco. Infos: 01/281 29 74, Office: 01/481 62 62.

Jail
Hohlstr. 457, Bus 31 bis Letzibeck.
Grösster Club der Schweiz auf zwei Stockwerken mit eigenem Thai-Restaurant. Gigantische Grundfläche von ca. 2000 qm (!), die Innendekoration stammt aus der ehemaligen Strafanstalt Regensdorf und aus englischen Kirchen. An Wochenenden tanzen weit über 3000 Personen. Geöffnet: Fr. und Sa. 22.00 bis 04.00 Uhr, So. 15.00 bis 21.00 Uhr. Programm: Fr. und Sa.: House; So.: Fiesta Italiana. Infos: 01/405 70 90.

Kanzlei
Kanzleistr. 56 (Kreis 4), Tram 8 bis Helvetiaplatz.
Eine alte Turnhalle wird zum Partytreff. Vielschichtiges Angebot von Konzerten, Disco und anderen Events. Geöffnet: Mo./Di. 21.00 bis 1.00 Uhr, Do. 22.00 bis 2.00 Uhr, Fr./Sa. 22.00 bis 4.00 Uhr. Programm: Mo.: Funk, Soul; Di.: House; Do.: Disco, Funk, Soul; Fr. und Sa.: Funk bis House. Infos: 01/241 53 11.

Katakombe
Geroldstr. 5 (Kreis 5), Tram 4, 13 bis Escher-Wyss-Platz, S-Bahn ab Hauptbahnhof bis Hardbrücke. Legendärer Underground-Club mit vielen internationalen DJs. In der letzten Ausgabe des „Zürich"-

Handbuchs als das „echteste" aller Partylokale bezeichnet. Befindet sich in unmittelbarer Nachbarschaft zur „Garage" (siehe oben). Bekannt für Fetisch Parties und originelle Dekorationen. Geöffnet Sa. 23.00 bis 06.00 Uhr. Programm: Drum´n´Bass, Techno, House. Infos: 01/463 53 23.

Kaufleuten

Pelikanstr. 18, Tram 6, 7, 11, 13 bis Rennweg/Augustinergasse.
Der „berühmteste" aller Clubs. Das Kaufleuten vorzustellen, heisst Gold in die Schweizer Banken zu tragen: seit der Eröffnung 1992 verkehrt sowohl die High Society wie auch die Partyszene in diesem Lokal. Resident DJs sind Dani König, Oliver Stumm, Lou Lamar, Manon & Mas Ricardo, 69 Pimp, Jean F., Domie u.a. Der Club ist mit rotem Samt prunkvoll eingerichtet. Antike Sessel und Sofas. An Wochenenden vor dem Lokal Warteschlangen (als Service wurde eine Heizung eingerichtet!). Mit der heissbegehrten Memberkarte oder der unterschriebenen Rechnung des Restaurants (siehe auch unter „Essen") kommt man problemlos rein. Geöffnet Di., Mi., Do. und So. 23.00 bis 2.00 Uhr, Fr. und Sa. 23.00 bis 4.00 Uhr. An Mo. gelegentlich Sonderveranstaltungen. Programm: Di.: Soul, R&B, HipHop; Mi.: Progressive; Do.: Club-House; Fr.: Disco, 60`s to the Future, House; Sa.: Garage, House; So.: Chillout und Lounge alternierend. Infos: 01/221 15 05, Restaurant: 01/221 15 06.

Labyrinth-Club

Pfingstweidstr. 70, Tram 4, 13 bis Escher-Wyss-Platz
Schrill und bunt eingerichteter Gay-Club mit gemischtem Publikum. Auf zwei Etagen verschiedene Chill-outs und Dark-Rooms. Auf ein fantasy-erotisches, schrill-schräges Outfit wird Wert gelegt. Geniale DJs. Strenger Türsteher, dafür tolerante und angenehme Gäste. Geöffnet Do.–Sa. 23.00 Uhr bis open end), So. 21.00 bis 2.00 Uhr. Programm: Do.: House; Fr. und Sa.: Progressive, Trance, House; So.: Progressive, D&B, Vocal-Trance. Infoline: 01/242 98 40.

LUV, Konzertbar-Club

Kreuzstrasse 24 (Tram 2, 4 bis Kreuzstrasse).
Bar, Club und Konzertlokal in einem. Zutritt ab 18 Jahren – Altersklasse nach oben unbeschränkt. Ganze Woche geöffnet: So. bis Do. 20.00-2.00 Uhr, Fr. und Sa. (21.00-4.00 Uhr). Starkes Musikprogramm von New Wave, Synthy Pop, EBM (Mo.) über

ZÜRICH mit Plan

ZÜRICH mit Plan

Glückliche Blumenkinder an der Street-Parade

Discos

ZÜRICH mit Plan

Grunge, Indie, Britpop (Mi.) bis zum deutschen Schlager oder Popklassiker (Fr). Bestimmt keine Hitparadenveranstaltungen, kein House, kein Techno! Infos: Bar 01/262 40 39, Office 01/262 40 07.

Oxa Dance Hall

Andreasstr. 70 (gegenüber Parkhaus Messe Zürich), Tram 10, 14 bis Messe, Hallenstadion.
Zürichs legendärster After-Hour-Club mit vielen bekannten DJs. Publikum aus der ganzen Schweiz, Deutschland und Italien. Für Zwischenverpflegung geht man ins clubeigene Restaurant. Geöffnet: Fr.–Sa. 22.00–4.00 Uhr, After-hour-Treffs Samstag- und Sonntagmorgen 5.00-12.00 Uhr (für diejenigen, die am Mittag noch einen anderen Club suchen, gibt es Infos beim Auskunftsbüro auf dem Parkplatz). Programm: Fr.: Soul, R&B, House, Disco; Sa-Morgen: Techno/House; Sa.: Disco, Funk, House; So-Morgen: Techno/ House; So.:Techno/ House. Infos: 01/311 60 33.

Trax @Rohstofflager

Josefstr. 224 (Steinfels-Areal), Tram 4, 13 bis Escher-Wyss-Platz. Der wohl beste Technotreff der Stadt inmitten des Zürcher Industriequartiers. Techno-Papst Nöldi Meyer präsentiert am Wochenende Star-DJs wie Dave Angel, Ian Pooley, Freddy Fresh, Robert Hood, John Acquaviva, Jeff Mills u.a. Das Lokal fasst 800 Personen und ist im Loft-Style eingerichtet. Geöffnet Fr. und Sa. (22.30 Uhr bis open end). Programm: Fr.: Hip Hop/Jungle; Sa.: slammin´club Techno. Infos: 01/439 90 74.

Ruby

Förrlibuckstr. 151, Tram 4 bis Fischerweg. Klassisch-elegant durchgestylter Sofaclub mit genügend Sitzmöglichkeiten, dem grössten Wodka-Sortiment der Schweiz und sensationellen Design-Effekten. „Absoluter In-Schuppen" (ZüriWoche) an Zürichs Peripherie. Gratis Parkplätze. Im Sommer Freiluftpartys auf dem Parkhausdach mit Blick über die Stadt. Grandios! Geöffnet von Do. bis So. (von 22.00 resp. 23.00 Uhr (Fr. und Sa.) bis open end. Programm Drum&Bass, Triphop, House, Independent Stereo etc. Infos: 01/273 31 00.

Sensor

Andreasstr. 19, Tram 14, 10 bis Messe/Hallenstadion. Hightech in alter Backsteinfabrik. Videoanimationen sowie ein sensationelles Sound-System. Chill-Out-Floor mit römischen Säulen, Openair-

Bereich im Sommer. Der Club fasst rund 1600 Personen. Mehrmals jährlich Partys mit Sven Väth! Taros Resident-DJs: Andre 303, Marc Hürlimann, Cut a Kaos, Deeper Dee u.a. Geöffnet: Fr. und Sa. (22.00 Uhr bis 4.00 Uhr). Programm: Techno und House. Infos: Office 01/311 60 33, Club 01/302 03 01, Internet: info@tarot.ch www.tarot.ch

X-TRA Limmathaus
Limmatstr. 118, Tram 4, 13 bis Limmatplatz. Seit November 1997 wichtiger Szenetreff in einem Bauhaus-Gebäude von 1930. An Wochenenden bis zu 3500 (!) Gäste. Verpflegungsmöglichkeiten in Bar und Restaurant. Geöffnet ganze Woche (ausser Di. und So) von 21.00 bis 2.00 Uhr, Fr. und Sa. Verlängerung bis 4.00 Uhr. Programm: Mo. (Funk, Soul, Latin), Mi. (80´s Wave), Do. (Disco Fever/ Drum´n´Bass), Fr. und Sa. (Sonderprogramme). Infos: Club 01/448 15 55, Bar/Rest. 01/448 15 15, Hotel 01/448 15 95, Internet: www.hugo.ch/clubs/xtra

Geheimtip „Silo":
Zürichs aussergewöhnlichster Club befindet sich in einem ausgedienten Bunker in der Nähe des Obergerichts. Die Lokalitäten verteilen sich über drei Stockwerke und sind über eine Wendeltreppe erreichbar. Öffnungszeiten: Mo. bis Mi. 23.00 Uhr bis open end. Musikstile: Jazz, House etc. Voranmeldung und Adresse für Nicht-Mitglieder: 01/262 82 62.

Abheben:

Das etwas andere
Zürcher Nachtleben...
(von Manfred Klemann, Deutscher)

Daß dieser Schuppen „brummt", da hätte ich keine Mark für gewettet. Alpen Rock House, was soll den das sein. Da kommt man aus dem Schweizer Tor zur Welt, dem Flughafen Kloten, und sieht dieses Schild mit dem Edelweiss. Und dem Wort Alpen Rock House.

ZÜRICH mit Plan

Als Ausländer wird man stutzig, und schließlich neugierig und schließlich landet man dann drin. Und siehe da: Es ist gar nicht schlimm. Im Gegenteil. Die Musik ist rockig, nicht einmal „schweizerisch", das Käsefondue schmeckt sensationell und die Besucher? Sie sind Ethno, meist aus den Landorten rings um Zürich, freundlich und originell. Eingerichtet ist das Alpen Rock Haus zünftig, mit Blockhütten, mit Holztischen und Almbars. An denen sitzen und stehen Leute, die man aus den traditionellen Sendungen des Fernsehens kennt. Sie sind es zwar meist nicht selbst, aber gute Kopien von unseren Volksliedersängern. Das Programm im Alpen Rock House beginnt meist mit einer Art Talk Show auf der Tanzfläche, geht dann in heimatliche Musik über (während die frühen Gäste, so ab 21 Uhr, ihr Fondue essen) und später eben in echten harten Rock. Partystimmung kommt auf, ähnlich wie die Klassenfeste der 70er Jahre und Technosound ist streng verpönt.

Man tanzt, auch zusammen, schunkelt ein wenig und küsst wie überall. Wer die Schweizer Seele gründlich erkunden will, der geht unbedingt in das - übrigens dem Flughafengastronom gehörenden - Alpen Rock House, ab Mittwoch bis Sonntag ab 20 Uhr geöffnet. Ja aber, irgendwann hat man ja von soviel Ethno doch genug, gibt es da keine nahe Alternative...

Doch, El Presidente lockt. Der Präsident selbst, welcher auch immer, ist Namensgeber der heißesten edlen Nachtdisco Zürichs. Und das El Presidente, ganz auf kubanischen Stil gemacht, broddelt südländisch direkt neben dem Alpen Rock House. Der gleiche Sicherheitsdienst, der gleiche Besitzer, aber plötzlich vom Alpenländischen hin zum Mafiastil der 60er Jahre. Genial. Und die Tapas Bar direkt hinter dem Eingang hat Tapas, die man selbst in Spanien nicht besser findet. So kann man das andere Zürcher Nachtleben, das beim Flughafen, entweder Ethno korrekt oder Multikulturell bunt erleben. Daß im El Presidente übrigens die besten Coctailmixer der Schweiz arbeiten sollen, sei hier am Rand erwähnt.

Surfen in Zürich

Internet ist in aller Munde. So auch in Zürich. Die Schweiz gehört zu den inter(net)aktivsten Ländern überhaupt. Im folgenden listen wir einige, uns interessant scheinende und nützliche Zürcher Internetadressen auf – ohne einen Anspruch auf Vollständigkeit zu erheben. Wer noch schnell ein E-Mail an seine Freunde und Bekannte zu Hause schicken will, kann dies vom Internet-Café , Uraniastr. 3 (http://www.cafe.ch) aus tun.

Infos:

www.zhol.ch (ZürichOnline) Wichtigster Zürcher Infodienst überhaupt. Bietet Nachrichten und Szenetips, aber auch ein Stadtplan, auf welchem gesuchte Adressen gezeigt werden. Nützlich.

www.stadt-zueri.ch (z.Z. in Planung) Informationen der städtischen Verwaltung. Nach der Feuertaufe: vielversprechend!

www.zueri.ch (Zürich-Informationen) Interessant aufgemachter Reiseführer über Zürich und seine Angebote.

www.zurichtourism.ch Die Seite des Zürcher Verkehrsbüros gibt auf auch auf englisch einen Überblick über das touristische Angebot der Stadt. Nützlich: die Hotelliste.

www.vbz.ch Die Homepage der Zürcher Verkehrsbetriebe ist für die „Züri Woche" die bestgemachte der Stadt. Informativ die aktuellen Fahrpläne.

Ausgehen (Konzerte/ Theater/ Kinos)

www.hugo.ch Infos über Zürcher und Schweizer Musikbands.

www.ticketline.ch Ticketlinie von „Good News". Es besteht die Möglichkeit Tickets zu bestellen.

www.kulturinfo.ch Veranstaltungskalender (Konzerte, Kinos, Theater) in Zürich.

www.kino.ch Sensationell aufgemachter Kinoführer mit Filmbesprechungen.

ZÜRICH mit Plan

www.eat.ch Wer seinen PartnerIn verwöhnen will, liegt bei dieser Adresse richtig. Guter Überblick über die Schweizer und Zürcher Gastroszene.

www.streetparade.ch Alle Infos über die Streetparade, Zürichs farbenfrohstes Happening! Informativ und trendig gestaltet!

Wissen:

www.ethz.ch (ETH Zürich) Aufwendig gemachte Homepage der Eidgenössischen Technischen Hochschule. Neben aktuellen Infos für Studenten auch Forschungsresultate.
www.visdome.ethz.ch (Visdome ETH) Einblick in die virtuelle Welt der ETH.
www.zb2.unizh.ch Einblick in die Zentralbibliothek Zürich.

Livekameras:

http://**cam1.cnlab-switch.ch**   Livekamera beim Zürcher Central. Zeigt, wie das Wetter ist.

http://cam2.gcs.ch Blick auf die Hardturmstrasse vom Büro des Computerfachmanns Daniel Gutenberg aus. Das Spezielle dabei: keine Internetkamera wechselt weltweit so schnell die Bilder.

Medien:

www.blick.ch Professionell gemachte Homepage der grössten Schweizer Zeitung. Die wichtigsten Artikel des kommenden Tages sind bereits am Vorabend (23.30 Uhr) abrufbar.
www.tages-anzeiger.ch Wer sich schnell über Zürich informieren will, muss hier reinschauen. Querverbindungen zum Nachrichtenmagazin „Facts" oder der „SonntagsZeitung" möglich.

www.nzz.ch Das Zürcher Weltblatt besticht auch im Internet. Eindrückliches Archiv. Grosser Auftritt.

www.zueriwoche.ch Der Zürcher Gratisanzeiger präsentiert wöchentlich seine Prominentenkolumne auf dem Internet. Besonders interessant ist aber das Zürcher „Who ist who"!

www.bilanz.ch Wer ausführlich über die reichsten Schweizer informiert werden will, liegt auf der Homepage des Wirtschaftsmagazins „Bilanz" richtig. Informativer Wirtschaftsteil, gut gestaltet und ständig aktualisiert.

www.toaster.ch Internetseite der Jugendzeitung „Toaster" mit WG-Tips.

www.radio24.eunet.ch Der Zürcher Trendsender Radio 24 ist jetzt dank Internet weltweit zu empfangen!

```
Und wir wollen auch uns selbst nicht
ganz vergessen.
```

Über den Verlag und seine starken Seiten informiert:
www.unterwegs.com und **www.reisefuehrer.com**

Und die Stimme des Verlegers erschallt bei:
www.reisefuehrer.com/senf/senf.htm
Wer dem Autor ein eMail mit den neuesten Informationen und den herzlichsten Grüssen schicken will, tut dies unter
Mack1ch@aol.com

Kaufrausch –
Von der Bahnhofstrasse zum Niederdorf

Zürich ist eine typische Shopping-Stadt. Da mögen die Museen noch so schön, der See noch so blau und die Bars noch so originell sein, ein Grossteil der Franken wird hinter den Ladentischen verschwinden. Und da man dies weiss, wird man – als Vorsichtsmassnahme – beim Bummel mit seiner Partnerin die grossen Einkaufsstrassen besser meiden. Ansonsten gilt für den Shopping-Freak: in Zürich ist das Angebot gross und die Preise manchmal auch. Die Stadt überrascht immer wieder mit unkonventionellen Einkaufsmöglichkeiten. Im folgenden listen wir einige aussergewöhnliche Läden auf, die uns aufgefallen sind. Wir erheben aber keinen Anspruch auf Vollständigkeit. Wer das Spezielle liebt, dem empfehlen wir zusätzlich den „Prime Guide, Shopping in Zürich", 1998/1999 (Prime Guide Verlag).

Zuerst zur Orientierung: In der weltberühmten Bahnhofstrasse finden sich auf rund 1,4 Kilometern vor allem grosse Warenhäuser (Jelmoli, Globus, St. Annahof), aber auch Banken, Boutiquen und andere Spezialgeschäfte (Schmuck, Uhren, Pelze, Mode). Die angrenzende Löwenstrasse hat sich in den letzten Jahren zu einem weiteren Einkaufsparadies entwickelt. Bereits heute findet man hier hochwertige Gegenstände – und diese oftmals billiger als in der Bahnhofstrasse.
Die Altstadt (Rennweg, Strehlgasse, Augustinergasse) und das Niederdorf (rechtsufrig) mit dem Limmatquai verfügen über zahlreiche Antiquitätengeschäfte, Antiquariate, Buchhandlungen und Boutiquen. Teure und exklusive Mode findet man In Gassen, an der Schipfe und an der Storchengasse. Für den ersten Besuch gilt die Faustregel: Bahnhofstrasse und Umgebung "exklusiv und teuer", Niederdorf und Langstrasse (Kreis 5) "alternativ und günstiger" – doch die Ausnahmen bestätigen auch hier die Regel. Eindrücklich ist auch die

Ladenstrasse "Shop-Ville" im Hauptbahnhof, in welcher einige der besten Läden der Stadt ihre Dependancen führen. Das Läden des Shop-Villes sind, wie diejenigen auf dem Flughafen oder im Bahnhof Stadelhofen, auch sonntags geöffnet.

Im folgenden machen wir einen völlig unsystematischen Bummel durch Läden der Stadt, die uns irgendwie aufgefallen sind. Wir erheben keinen Anspruch der Vollständigkeit; gewisse Sparten – die für Zürich typisch sind – erwähnen wir ob der unbewertbaren Vielfalt gar nicht: Etwa die Schmuck- und Uhrenbranche. Sie ist rechts und vor allem links der Limmat (Bahnhofstrasse) in überzeugender Vollständigkeit aller wichtigen Namen der Welt vertreten: Schauen Sie selbst!

Ballett

Der Ballett-Shop, Römergasse 4, Nähe Limmatquai, hat sich vollständig auf Ballett spezialisiert. Alles erhältlich: Kleider, Schuhe, Poster, Videos, Bücher, Musik.

Buchhandlungen

Es gibt ... eine Menge. Und da wir möchten, dass unser Stadtbuch überall verkauft wird, werden wir den Teufel tun und aus den sehr guten allgemeinen Sortimenten einzelne Häuser herausgreifen. Eines sei aber erwähnt. Anders als etwa in Deutschland, gibt es in Zürich auch in den großen Kaufhäusern gut geführte Bookstores.
Sondern: Wir erwähnen hier Häuser, die sich auf ganz spezielle Angebote stützen:
Film- und Antiquariatsbuchhandlung Rohr, Oberdorfstrasse 3-5; eine ungewöhnlich komplette Auswahl von Büchern und Postern rund um das Thema Film. Dabei sind auch Bücher vorrätig, die anderswo längst vergriffen sind.
Reisebuchhandlungen: Travel Book Shop Treichler, Rindermarkt 20. Alles, was an praktischen Reiseführern auf dem Markt ist, ist bei der stadtbekannten Weltenbummlerin Gisela Treichler erhältlich. Grosse Auswahl von Landkarten aus der ganzen Welt. Eine weitere, sehr komplette Reisebuchhandlung liegt direkt in der Bahnhofstr. (Nr. 94): Alfred Barth AG, Landkarten und Reiseführer. Ausschliesslich Frauenbücher gibt es im Frauenbuchladen FBLZ

ZÜRICH mit Plan

(Gerechtigkeitsgasse 6), als Spezialist für Kinderbücher hat sich der Kinderbuchladen Zürich (Oberdorfstr. 32) etabliert. Fremdsprachige Bücher werden in der Buchhandlung Payot SA (französisch und englisch) in der Bahnhofstr. 9, in der Libreria El Condor (Seilergraben 43) oder Libreria Espanola Candela in der Militärstr. 76 (vor allem spanische Lektüre) verkauft. Comics gibt's bei Comic-World, Stadelhoferpassage.

Architektur und Kunst bietet die Buchhandlung von Robert Krauthammer, Obere Zäune 24; als Trendsetter für moderne Kunst- und Photographiebücher gilt Scalo, Books & Looks in der Weinbergstr. 22a.

Linke und esoterische Buchhandlungen von "real existierend" bis "irreal hingebend" gibt es in Zürich in unerwartet grosser Anzahl, so auch der Esoterische Buchladen (Brunngasse 4). Hervorheben möchten wir noch die Orell-Füssli-Buchhandlung (Füsslistr. 4, 50 Meter von der Bahnhofstrasse) mit dem wohl grössten Buchsortiment der ganzen Schweiz. Im Erdgeschoss die Filmhandlung von Thomas Hitz.

Buchantiquariate

Auch hier die Qual der Wahl: Das Musik- und Theaterantiquariat von Armin Trösch (Rämistr. 33) gilt als das grösste Antiquariat der Schweiz und ist schon deswegen einen Besuch wert. Der Titel trägt - auch "andere" Bücher sind hier erhältlich. Unser Favorit: die Buchhandlung "Restseller" (Untergeschoss Hauptbahnhof) - gewissermassen ein "modernes Antiquariat". Das Angebot: Bücher neueren Datums zu überraschend günstigen Preisen. Der Name sagt's: Ladenhüter, die es eigentlich gar nicht verdienen, solche zu sein!

Galerien

Auch ein uferloses Unterfangen, Zürichs Galerien abzuklappern. Trotzdem - fünf Highlights verschiedener Art:

Galerie Bruno Bischofberger, Utoquai 29. DER Spezialist für Andy Warhol; brachte den Amerikaner nach Zürich und Europa (Prädikat: geschmackvoll).

Animation Gallery Foox, Rindermarkt 13. Originalbilder aus bekannten Zeichentrickfilmen wie Pink Panther oder Fred und Wilma Feuerstein (Prädikat: Trendsetter).

Galerie Andy Illien, Rämistr. 18. Kellergalerie in der Nähe des Bellevues. Schuhspezialist Illien zeigt hochstehende schweizerische und internationale Kunst. Zählt zu den schillerndsten Kunsttreffs der Stadt – nicht zuletzt wegen des Inhabers (Prädikat: stilvoll).

Galerie Hauser&Wirth, Limmatstr. 270, Trendgalerie in Zürichs Kunstmekka Löwenbräuareal. Zeigt amerikanische Shootingstars! (Prädikat: in!).

Roswitha Hartmann, Modern Art, Rütistr. 28. Die klassische Moderne perfekt inszeniert. (Prädikat: dezent!)

Käse
Weil Schweiz und Käse nun mal ein Wort sind, zwei der Läden mit dem trendigsten Angebot an Swiss Cheese (auch zum Mitnehmen):
Chäs-Hebise, Rennweg 36 (Nähe Bahnhofstrasse) oder Chäs-Chäller, Niederdorfstr. 46 (Niederdorf).

Kaufhäuser
Shoppingfreaks empfehlen wir auch einen kurzen Gang in die Einkaufshäuser Jelmoli (seit 1898!) und Globus an der Bahnhofstrasse. Beide Häuser bestechen durch ein auserwähltes Sortiment. Die Lebensmittelabteilung von Globus (Globus Delicatessa) erfreut jeden Gourmet. Reichhaltiges Angebot.

Kolonialwaren
Die Zeiten der Kolonien sind endgültig vorbei. Trotzdem: Zürichs schönstes Geschäft nennt sich "Colonialwaren Schwarzenbach" und befindet sich im Niederdorf (Münstergasse 19). Der Zeitsprung ins 19. Jahrhundert ist garantiert! Früchte und Kaffee von ausgezeichneter Qualität.

Kondome
Das Fachgeschäft für "zwischenmenschliche Kommunikation" hat Hochkonjunktur. Condomeria hat zwei Filialen (Münstergasse 27; Niederdorf/Konradstr. 72) und ist im Handelsregister eingetragen. Sehenswert: eine Präsentation der originellsten Präservative nach dem Motto: "Gummi ist nicht gleich Gummi!"

ZÜRICH mit Plan

Märkte

Regelmässige Märkte finden in Zürich an folgenden Orten statt:
Gemüsemarkt Limmatquai, jeden Samstag (ganzjährig);
Gemüsemarkt Bürkli- und Helvetiaplatz, Dienstag- und Freitagmorgen (ganzjährig);
Gemüsemarkt Oerlikon, Mittwoch- und Samstagvormittag (ganzjährig);
Warenmarkt Oerlikon, letzter Donnerstag im Monat (ganzjährig);
Rosenhof-Markt, Donnerstag und Samstag nachmittag, März bis November;
Flohmarkt auf dem Bürkliplatz, jeden Samstag 6-16 Uhr, Mai bis Oktober

Mode

Auch bei diesem Stichwort ist jede Auswahl garantiert völlig falsch. Deshalb allgemein: Die Zürcher sind links und rechts der Limmat meist gediegen, teuer und top gekleidet. Die besten Marken der Welt sind in der Nähe der Bahnhofstrasse, der Wühre und In Gassen vertreten. Erlesene und qualitativ hochwertige Seidentücher, Foulards u.ä. verkauft der Zürcher Krawattenkönig Andy Stutz in seiner Fabric Frontline (Ankerstr. 114, Nähe Helvetiaplatz). Unbedingt reinschauen!
Auch im Bereich Avantgarde hat Zürich durch zahlreiche punkige, freakige und flippige Läden im Niederdorf und off-Limmatquai einen guten Namen. Ausgefallenes zum Beispiel bei Razzo, Rindermarkt 23; Original Levis-Jeans zu sensationellen Tiefpreisen (USA-Direktimporte!) bei No Limits, Oberdorfstr. 22 etc. pp. Nackte Tatsachen gibt es bei Adam&Eve, Zürichs bekanntestem Lack- und Lederladen (Seilergraben 41). Am besten: selber hingehen, die Boutiquenszene ist im ständigen Wandel begriffen!

Schokolade

Der Weg in eine Confiserie - unentbehrlich. Bezeichnenderweise sind die hiesigen Schokoladenkönige an den wichtigsten Plätzen der Stadt präsent - analog zu den Banken.
Die drei Tops:
Sprüngli (Paradeplatz, Hauptbahnhof).
Teuscher (Storchengasse 9, Napfgasse 4, Bahnhofstr. 46) und Schurter (Niederdorfstr. 90).

Schweizer Messer

Für diesen berühmten Artikel kommen angeblich zahlreiche Jagd- und Freiluftfans nach Zürich. Inzwischen kann man ihn an jedem Kiosk erwerben. Aber wie immer, wenn man ihn gerade sucht, ist er bereits ausverkauft. Deshalb eine Adresse, welche SWISS ARMY KNIFES zu jeder Zeit vorrätig hat: Teddy's Souvenir-, Geschenk- und Bijoux-Shop, Limmatquai 34, "der bekannteste Souvenirladen westlich von Moskau" (Eigenwerbung). Und östlich davon: Wer übertrifft Teddy dort?

Swatch

An 84 Millionen Handgelenken tickt sie mittlerweile - die SWATCH. SWATCH-Uhren gibt es, wie man so schön sagt, bei "allen guten Uhrenhändlern der Stadt" - und von denen gibt es bekanntlich einige. Die grösste Auswahl an Swatch-Uhren findet man bei Columna et Richard SA am Limmatquai 62 oder beim Swatch-Store (Bahnhofstr. 94). Ältere Modelle und Raritäten findet man im Briefmarkengeschäft von Werner Merk, Oberdorfstr. 21.

Sport

No Way, Rämistr. 14 (beim Bellevue). Grosses Angebot für Skate- und Snowboarder.

Volkskunst

Hiesige Volkskunst gibt es beim Schweizer Heimatwerk - ein Garant für seriöse und nicht immer ganz billige Ware. Filialen finden sich in der ganzen Stadt, so im Hauptbahnhof, im Flughafen, in der Bahnhofstr. 2 oder bei der Rudolf-Brun-Brücke. Wer nicht gleich etwas kaufen will, schaut am besten bei der hauseigenen Galerie am Rennweg 14 vorbei.

Whisky

Whisky ist zwar keine Schweizer Spezialität, aber munden tut er auch in der Schweiz. Scot&Scotch präsentiert in seinem Geschäft an der Wohllebgasse 7 (Schipfe) über 400 verschiedene Sorten.

ZÜRICH mit Plan

Register

a
Adagio, 117
AJZ-Denkmal, 50
AlpenRock House, 118, 125 f.
Alternatives Lokalradio, 72
Alternativkultur, 77ff.
Altstadt, 29
Anlässe, 64 ff.
Anthropologisches Museum, 56
Aqui-Brunnen, 49
Archäologische Sammlung, 56
Architekturforum, 56
Atelier Hermann Haller, 56
Augustinergasse, 33
Augustinerkirche, 33
Autoinformationen, 14
Automieten, 21

b
Back und Brau, 97
Badeanstalt Utoquai, 32
Bahnen, 20
Bahnhof Stadelhofen, 33
Bahnhofstrasse, 29, 33f.
Ballett, 131
Bellevue, 28, 32, 34
Bernhard-Apéro, 80
Bernhard-Theater, 79
Bevölkerung, 21
Bilanz, 69
Billettzentrale BIZZ, 78
BIZZ, 78
Blaue Ente, 32, 41, 98
Blick, 70
Bodega Espagnola, 93
Börse Selnau, 34
Botanischer Garten, 34
Bruno Webers Weinrebenpark, 53
Buchantiquariate, 132
Buchhandlungen, 131f.
Büchner Georg, 44
Bürkliplatz, 35, 42, 48

c
Calatrava Santiago, 33
Camping Seebucht, 88 f.
Cash, 69
Centre Le Corbusier, 35, 48
Chagall Marc, 37
China-Garten, 32, 35, 48
Churchill Winston, 7, 36
Cinemax, 76
Cirque du Soleil, 65
City-Backpacker, 84 f.
Coninx-Museum, 57
Cooperativo, 92
CSI Zürich, 64

d
Dadaismus, 26, 45
Denkmäler, 35
Diagonal, 117
Discos, 116f f.
Dolder, 36, 48
Dolderbahn, 20
Don-Quijote-Club, 119
Duschmöglichkeiten, 9

e
Ehgraben, 52
Eidgenossenschaft, 25 f.
Einkaufen, 130 ff.
Einstein Albert, 36, 37
Eisenbahninformationen, 16
El Cubanito, 119
El Presidente, 118, 125 f.
Energy, 65
Essen, 89 ff.
Estermann Josef, 27
ETH, 36
European Championships, 68
Expovina, 68

f
Facts, 69
Fahrrad, 20
Fäkaliengraben, 52
Filmpodium, 76
Flughafen, 8, 16 f.
Flussbad Unterer Letten, 14
Forchbahn, 20
Forecast, 71
Fraumünster, 37
Freestyle am Zürichsee, 65
Friedhöfe, 37
Frisch Max, 33, 45, 52

g
Galerien, 132
Garage, 119 f.

Gastrotram „Chuchichäschtli", 19
Gedenktafeln, 35
Geldwechsel, 8
Geographie, 24
Geologisch-Mineralogische Ausstellung, 57
Geschichte, 25 ff.
Globus, 33, 133
Goethe Wolfgang von, 33, 36
Gothic, 120
Graphische Sammlung ETH, 37, 57
Gratiskunst, 63
Grossmünster, 25 f., 38
Grünes Glas, 92

h
Hallenbad City, 14
Hallenbad Oerlikon, 14
Hallenstadion, 38
Hauptbahnhof, 38
Haus für konstruktive und konkrete Kunst, 57
Haus zum Kiel, 55
Haus zum Rech, 57
Haus zum Rechberg, 39
Heidi-Weber-Haus, 35
Heimatwerk, 135
Helmhaus, 39, 57
Heureka, 48
Hotel Baur au lac, 87
Hotel Dolder Grand Hotel, 87
Hotel Franziskaner, 86
Hotel Kindli, 86
Hotel Savoy Baur en Ville, 87
Hotel Widder, 87
Hotel Zürichberg, 86
Hotelreservationen, 84 ff.

i
Indianermuseum, 56
Indoor CarCinema, 77
Industriequartier, 28 f.
Internetadressen, 127 ff.

j
J.O.S.E.F, 97
Jail, 120
James-Joyce-Stiftung, 63
Jelmoli, 133, 33
Johann Jacobs Museum, 57
Josefstrasse, 29
Joyce James, 8, 37f., 63

Jugendherberge,. 88
Jugendkulturhaus Dynamo, 77
Jürgens Udo, 7, 52

k
Kammertheater Stok, 80
Kanzlei, 120
Käse, 133
Katakombe, 120
Kaufhäuser, 133
Kaufleuten (Club), 121
Keller Gottfried, 36
Kino Frosch, 76
Kino Movie, 76
Kino Nord-Süd, 76
Kino-Bar RiffRaff, 77
Kinos, 74 ff.
Kirchgasse, 28, 39
Klima, 24
Knabenschiessen, 65
Kolonialwaren, 133
Kondome, 133
Kongresshaus, 39 f., 83
Konsulate, 13
Kopp Elisabeth, 27
Kreis 5, 28 f.
Kriminalmuseum, 56
Kronenhalle, 99
KUKUK, 116 f.
Kulturama, 60
Kunst- und Antiquitätenmesse KAM, 64
Kunstgewerbemuseum, 61
Kunsthalle, 55,
Kunsthaus, 54 f.

l
Labyrinth-Club, 121
Landesmuseum, 54
Langstrasse, 29, 40
Laufmöglichkeiten, 14
Leichtathletik-Meeting, 65
Lenin, 26, 28, 36, 44
Limmatplatz, 40
Limmatquai, 40
Lindenhof, 25, 41
Loetscher Hugo, 50
Ludwig Zweis Herzbaracke, 82 f.
LUV, Konzertbar, 121

m

Der Schmetterlingsflügel-Schlag in China ...

Die literarische Aufarbeitung des Ballermann - Phänomens! M. Walser neu entdecken.

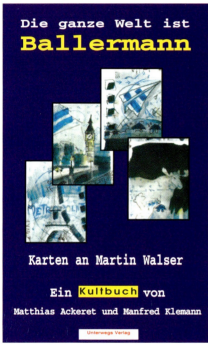

200 Seiten, Hardcover mit Schutzumschlag,
34 DM/29,80 SFr./199 ÖS

Jetzt im Buchhandel

Unterwegs Verlag 78204 Singen
Tel: 07731-63544 - Fax: 07731-62401
eMail: uv@unterwegs.com
Internet: www.unterwegs.com/ballermann

Die Welt kennt doch eine Lösung, ein Dorf, ein Insichgehen. Du kannst also sein, wo du bist, ohne etwas missen zu müssen. Es scheint ein ewiges Alles zu geben, das sich in einfache Worte fassen lassen muß. Alles, was darum herum geschieht, das sind Langeweiletötungen. Wir töten unsere Langeweile.

Wir kämpfen gegen die unendlich lange Zeit. Und wir siegen manches Mal und verlieren manches Mal. Aber so wie der Weg das Ziel ist, so bleibt der Kampf unser Spiel.

Es ist erstaunlich wohl gerichtet! Und die Welt ist nicht umsonst klein geworden, denn alle haben, so scheint es, die gleichen Wünsche, Bedürfnisse, Gesänge, Marken, Moden, Schuhe und GOLDPFEIL. Jeder nach seiner Art.

Oder könnte man auch einfach sagen, denkt Gerrit, während Gildo seinen ersten Weltreisekuß genießt: *ein Bett im Kornfeld, das ist immer frei ..., oder: Griechischer Wein ist so wie das Blut des Lebens, komm schenk mir ein ... oder gar: Schöne Maid, hast du heut für mich Zeit."*

Und auf dem Weg zum Flughafen, später, summt Gerrit endlich:
Es fährt ein Zug, nach nirgendwo, die Zeit verrinnt, die Stunden geh'n, bald ist ein neuer Tag erwacht, noch ist es nicht für uns zu spät, doch ist die Tür erst zu, was dann ...
Der Flieger geht um 15 Uhr, genug Zeit, um anzukommen.

Manfred Klemann in:
Die ganze Welt ist Ballermann

Am Ballermann 6 sieht man: Der wahre deutsche Bundespräsident ist Dieter-Thomas HECK. Aber nicht zwingend. Es gibt ja auch noch Berti VOGTS.

Matthias Ackeret in
„Die ganze Welt ist Ballermann

Mann Thomas, 7, 38, 62
Märkte, 134
Mascotte, 116
Medizinhistorisches Museum Universität, 60
Meili Christoph, 7, 27, 49
Messe Zürich, 41
Migros-Restaurants, 98
Miller`s Studio, 32, 41, 82
Mode, 134
Moulagen-Sammlung, 60
Mövenpick Hotel Airport, 87
Movie, 100
Mühle Tiefenbrunnen, 41
Mühlerama, 60
Museen, 54 ff.
Museum Bärengasse, 60
Museum Bellerive, 60
Museum für Gegenwartskunst, 61
Museum für Gestaltung, 61
Museum für Schweizer Hotellerie und Tourismus, 61
Museum Rietberg, 55
Museum Strauhof, 61

n
Naegeli, Harald, 37, 55, 63
Neue Zürcher Zeitung, 69
Niederdorf, 28
Notfalldienst, 8

o
Oberdorf, 28
Öffnungszeiten, 8
Open-Air Cinema, 75
Opernhaus, 79
Opernhaus-Studiobühne, 79
Oxa Dance Hall, 124

p
Paläontologisches Museum Universität, 61
Paradeplatz, 33, 41
Parkanlagen, 42
Parkhäuser, 18
Parties, 118 ff.
Petit Prince, 117
Platzspitz, 27, 42
Politik, 21
Polizeinotruf, 8
Polybahn, 20, 37
Postgebühren, 8

r
Radio 24, 71
Radio Z, 71
Rathaus, 42
Restaurant Hiltl, 94
Restaurant Kreis 6, 93 f.
Restaurant Latino, 93
Restaurant Reithalle, 92
Restaurant Rosaly, 97
Restaurant Turm, 93
Restaurants, 89 ff.
Rohstofflager, 124
Rote Fabrik, 42 f.
Roxy, 117
Ruby, 124

s
Schanzengraben, 43
Schauspielhaus, 78 f.
Schauspielhaus-Keller, 79
Schawinski, Roger, 71 ff.
Schiffe, 20
Schipfe, 43
Schokolade, 134
Schweizer Messer, 135
Schwimmbäder, 14
Sechseläuten, 34, 64 f.
Sechseläutenplatz, 34
Sechs-Tage-Rennen, 68
Seebad Tiefenbrunnen, 14, 32
Seebad Utoquai, 50
Seefeld, 32
Seilbahn Rigiblick, 20, 48
Semper Gottfried, 36
Sensor, 124
Shedhalle, 61f.
Shopping, 130 ff.
Shop-Ville, 12, 39
Shredderraum UBS, 49
Silo, 125
Silvesterlauf, 68
SixtyOne, 116
Sonnenberg, 48
Spiegelgasse, 44
Spielzeugmuseum, 63
Sportartikel, 135
Sportmöglichkeiten, 9
Sprayer von Zürich, 37, 55, 63
Sprüngli-Schokolade, 134

ZÜRICH mit Plan

Sputnik, 71
St. Peter, 45 f.
St. Peterhofstatt, 33
Stadelhofer Passage, 45
Stadthaus, 45
Stadtküche, 98
Stadtmauer, 45
Stadtrundfahrten, 21
Star TV, 72, 75
Steinfels-Areal, 29
Steinkunst von Ueli Grass, 50
Sternwarte Urania, 45
Stiftung Sammlung E.G.Bührle, 55 f.
Street-Parade, 7, 65
Studio 4, 76
Studio Commercio, 76
Sukkulentensammlung, 62
Swatch, 135

t

Tagblatt, 70
Tages Anzeiger, 69
Taxi, 19
Technopark Zürich, 46
Tele 24, 72 ff.
Telefonnummern, 8
Telefonzellen, 9
TeleZüri, 29, 72 ff.
Tennisanlagen, 9
Theater am Hechtplatz, 81
Theater am Neumarkt, 80
Theater an der Winkelwiese, 80f.
Theater Heddy Maria Wettstein, 81
Theater, 77 ff.
Theaterhaus Gessnerallee, 82
Thomas-Mann-Archiv, 62
Toaster, 71
Tonhalle, 83
Tourismus, 24
Trammuseum Wartau, 62
Tucholsky Kurt, 36
Türler-Uhr, 49
Turner Tina, 7, 32

u

Üetliberg, 46
Üetlibergbahn, 20
Uhrenmuseum Beyer, 62
Unfallstation, 8, 12
Universität, 46 f.
VBZ, 8, 17 f.

v

Veranstaltungen, 64 ff.
Verkehrsbüro, 8
Villa Wesendonck, 55
Visdome ETH, 37
Völkerkundemuseum, 62
Volkskunst, 135
Vorwort, 7

w

Waid, 47
Walser Martin, 76
Waschmöglichkeiten, 9
Wechselstube, 8
Weltwoche, 69
Whisky, 135
Wirtschaft, 24
Wohnungen, 9

x

X-TRA Limmathaus, 125
Zentralbibliothek, 47
Zic Zac Rock Hotel, 85 f.
Ziegel oh lac, 43
Zinnfiguren-Museum, 62
Zoologischer Garten, 47
Zoologisches Museum Universität, 63
Zunfthaus Zum Saffran, 48
Zunfthaus Zum Schneidern, 48
Zunfthaus Zur Meisen, 48, 63
Zunfthaus Zur Rüden, 48
Zunfthaus Zur Waag, 48
Zunfthaus Zur Zimmerleuten, 48
Zunfthäuser, 47 f.
Zürcher Magazin, 70
Zürcher Puppentheater, 81
Zürcher Theater-Spektakel, 65
Zürcher Verkehrsbetriebe (VBZ), 8, 17 f.
Zürcher Verkehrsverbund, 19
Züri Woche, 70
Zürich Tourismus, 8
Zürichberg, 32, 48
Zürichhorn, 48
Zürichseeschiffe, 20
züritip, 70
Züspa, 68
Zwingli, Huldrych, 26, 39

| Javaanse Jongens unterwegs | Unsere Titel: |

Reihe: Das große Reisehandbuch mit Landeskunde:
BRITISCH COLUMBIA/ALBERTA von Stefan Blondzik
COSTA RICA von Dieter Jungblut
CUBA von Thomas Wilde
DOMINIKANISCHE REPUBLIK von Thomas Wilde (Hrsg.)
HAWAII von Lori und Wilfried Böhler
KALIFORNIEN mit LAS VEGAS UND GRAND CANYON von Manfred Klemann
KRETA von Ralph Raymond Braun
MEXICO von Thomas Schlegel
NICARAGUA von Dieter Jungblut
NORDSPANIEN UND JAKOBSWEG von Alex Aabe
QUEBEC von Olé Helmhausen
VENEZUELA von Thomas Schlegel

PR-Reihe: Insel- und Szeneführer
(Hochformat mit Farbkarte
BALI und JAVA (Karin Burger) - mit Geldspartips
BARBADOS (Jürgen Gruler) - mit Geldspartips
CURACAO (Manfred Klemann) - mit Geldspartips
FLORIDA (Monika Knobloch) - mit Geldspartips/Mietautotips
FORMENTERA (Stefan Blondzik) - mit Geldspartips
ISLA MARGARITA (Monika Knobloch) -Surftips/Geldspartips
JAMAICA (Monika Knobloch) - mit Geldspartips/Surftips
SAN ANDRES (Dr. Drove) - mit Geldspartips
St. LUCIA und GRENADA (Monika Knobloch) mit Geldspartips
TOBAGO UND TRINIDAD (Monika Knobloch) mit Geldspartips

Reihe: SzeneFührer mit extra großem Plan
AMSTERDAM MIT PLAN, **COSTA BRAVA/BARCELONA** MIT PLAN, **BERLIN** MIT PLAN, **DRESDEN** MIT PLAN, **LONDON** MIT PLAN   **MALLORCA** MIT PLAN, **NEW YORK** MIT PLAN, **PARIS** MIT PLAN, **PRAG** MIT PLAN, **WIEN** MIT PLAN, **ZÜRICH** MIT PLAN alle jährlich neu

Gesamtverzeichnis anfordern!

ZÜRICH mit Plan

ZÜRICH mit Plan

WELTWEIT
PREISWERT
S I C H E R

Die richtige Adresse für Ihre Reise!

Travel Overland München
Barerstraße 73
80799 München
Tel. 089/ 27 27 61 00
Fax 089/ 271 97 45

Telefonische Buchungszentrale
Tel. 089/ 27 27 63 00
Fax 089/ 307 30 39

Travel Overland Augsburg
Zeuggasse 5
86150 Augsburg
Tel. 0821/ 31 41 57
Fax 0821/ 31 32 53

Travel Overland Bremen
Fedelhören 14
28203 Bremen
Tel. 0421/ 33 75 50
Fax 0421/ 32 55 53

Travel Overland Hamburg
Eppendorfer Landstraße 49
20249 Hamburg
Tel. 040/ 48 00 240
Fax 040/ 47 48 60

Flugbüro im Internet: http://www.travel-overland.de